說得好又說得巧

從閒聊到簡報的說話黃金法則

桐生稔——著
劉淳——譯

前言

在對話中遭遇困難時，本書就是您的聖經。

有些人可以把困難的話題說明得非常簡單。
有些人可以自信滿滿地對任何人提出意見。
有些人不管對方是什麼樣的人，都能立刻打成一片。
這些都是會說話帶來的好處。
另一方面，也有很多人因為對話而煩惱。
「我嘗試過很多方法，就是沒辦法把話說好……」
「直到現在還是很不擅長跟第一次見面的人交談……」
「根本沒辦法在一群人面前說話……」
我從日本全國各地收到了這些切實的心聲。
然而，「不擅長說話」只是原因之一。這些狀況其實多半是因為同時發生了複數問題。

例如：

「沒有話題」＋「容易緊張」

「不擅說明」＋「無法提問」

「怕生」＋「不擅長聽別人說話」

「無法在眾人面前說話」＋「說服力太弱」

等等。

我們有各種不擅長的事，每個人的狀況也都不同。而且，在每個情境中，令人苦惱的狀況也不一樣。

因此，我準備了能夠輕鬆解決複雜問題的具體方法——就是本書。

我自己有在經營教導說話方法的學校，創立至今約十年，自北海道到沖繩舉辦了一萬次以上的研討會與研習，協助過十萬人。現在，每年依然會舉辦兩千次以上的活動。

雖然有些自賣自誇，但我從沒見過舉辦這麼多次，而且還在全國各地巡迴的說話方法講座。

這些講座或研習所提供的方法，還有前來參加的學員提供的親身經驗，都在各位學習說話方法的過程中扮演了重要的角色。

我們這些講師，總會出現在各商務場合。

眾所皆知，在這樣的場合高唱理想論，是沒有任何幫助的。

因此，本書排除了所有籠統模糊的表現方法，涵蓋「閒聊」「第一次見面時的對話」「在眾人面前的說話方式」「清晰易懂的說明」「與意見不合的人對話」「能讓對方開心的傾聽方法」到「引出對話的提問」等等，只寫有能夠立刻實踐的方法。

在對話中感到困擾時，請翻開對應的章節，其中就寫有答案。

另外，我還準備了「說話方式檢驗表」，請回答這些問題，找出自己不擅長的部分。建議也可以先閱讀自己類型對應到的章節。

希望透過本書，希望各位能夠好好說出之前說不出口的話。

能夠在眾人面前自信地侃侃而談。

和任何人都能輕鬆愉快地談話。

「只要有這本書，這一生都不會再有對話上的煩惱」

我希望本書能成為這樣的魔法道具。

Motivation & Communication 股份有限公司董事長 桐生稔

說話方式檢驗表

這張檢驗表可以讓你找出
自己不擅長的說話元素。
建議可從對應的章節開始閱讀。

請閱讀以下提問，在符合的項目打勾。

		問題	打勾欄
A	1	不知道要拿什麼來當話題	
	2	對話無法持續	
	3	對話中止時會覺得尷尬	
	4	一直說些沒有意義的話，很快就感到厭倦	
	5	內心猶豫著「問對方這個問題恰當嗎？」	
	6	不擅長跟年齡比自己大的人說話	
	7	無法炒熱氣氛	
	8	一開始可以聊，但無法拓展話題	
	9	不擅長觀察現場的氣氛並藉此來對話	
	10	看到自己不喜歡的人就會想避開	
B	11	怕生	
	12	不擅長主動找人搭話	
	13	不太會活力充沛地打招呼	
	14	無法看著別人的眼睛說話	
	15	在對話中有時會說不出話來	
	16	對人的警戒心比較強	
	17	覺得自己說的話也許很無聊	
	18	平常就不太笑	
	19	有時會散發出「不要找我搭話」的氣場	
	20	對別人沒什麼興趣	
C	21	不擅長在眾人面前說話	
	22	不擅面對有壓力的場景	
	23	發生預料之外的事情就會恐慌	
	24	無法主動舉手發言	
	25	緊張時手腳會顫抖	
	26	一緊張就會大量出汗	
	27	慌張時無法順利發聲	
	28	平常呼吸就比較淺	
	29	過去的失敗在心裡留下創傷	
	30	有社交焦慮，經過很多年都無法改善	

		問題	打勾欄
D	31	有被人說過「講重點」	
	32	不擅長整理談話的重點	
	33	無法有邏輯的說話	
	34	弄不太清楚對方想問什麼	
	35	無法好好回答對方的問題	
	36	突然被詢問時，什麼也說不出來	
	37	會重複同樣的話題很多次	
	38	話題內容太過抽象	
	39	情緒性的發言很多	
	40	有很多常使用的固定措辭	
E	41	無法引起聽話者的興趣	
	42	談話內容沒有故事性	
	43	想表達的事情不明確	
	44	會先講自己想講的事	
	45	說出口的話沒有情緒	
	46	說不出令人印象深刻的話	
	47	對自己的聲音沒有自信	
	48	說話時的姿勢不良	
	49	說話時常常沒有表情	
	50	平常看起來就沒有自信	
F	51	跟一些人意見不合	
	52	即使有想說的話，通常都會忍耐	
	53	無法和強勢的人好好說話	
	54	有時會惹對方生氣	
	55	有時會因說明不夠而遭到誤解	
	56	有時不懂對方的情緒	
	57	被人說過看起來情緒很差	
	58	一旦曾經討厭過對方，就無法再和那個人說話	
	59	無法妥協	
	60	討厭道歉	

		問題	打勾欄
G	61	習慣否定對方	
	62	無法和不喜歡的人搭話	
	63	常常一個人埋頭苦幹	
	64	不擅長表現情感	
	65	無法和價值觀不同的人談話	
	66	常感到有壓力	
	67	喜歡獨處	
	68	容易樹敵	
	69	覺得自己沒什麼特色	
	70	常被人疏遠	
H	71	想提高團隊士氣	
	72	不太會帶領團隊	
	73	想跟大家一起達成目標	
	74	不擅長感謝身邊的人	
	75	無法巧妙傳達自己的想法	
	76	對團隊成員沒有期待	
	77	無法分享自己的故事	
	78	總是只說目標數字	
	79	不了解團隊成員的心情	
	80	團隊成員常常不願意採取行動	
I	81	不擅長聽別人說自己沒有興趣的話題	
	82	曾被人說過「你有在聽嗎？」	
	83	聽別人說話會很累	
	84	多半都是自己在說話	
	85	有時會打斷對方	
	86	不擅長掌握對方的需求	
	87	聽人說話時常常面無表情	
	88	即使有不了解的事，也無法開口問	
	89	因為不想惹人討厭而無法說出真心話	
	90	無法問出對方的真心話	

		問題	打勾欄
J	91	無法引對方說話	
	92	問問題時像在質詢	
	93	不太懂對方到底想說什麼	
	94	有時沒聽到對方的問話	
	95	面對上級或長輩會畏縮，問不出問題	
	96	有時會擔心問問題會惹怒對方	
	97	有時會漏掉該問的問題	
	98	不喜歡被問私人問題	
	99	無法問出能夠引出對方能力的問題	
	100	會對自己說些否定的話	

請計算 A ～ J 的分類中，
各自有幾個項目符合敘述。
符合項目較多的分類，就是你不擅長的部分。
請以這個部分為主來學習溝通。

A	______ 個→第 1 章	F	______ 個→第 6 章
B	______ 個→第 2 章	G	______ 個→第 7 章
C	______ 個→第 3 章	H	______ 個→第 8 章
D	______ 個→第 4 章	I	______ 個→第 9 章
E	______ 個→第 5 章	J	______ 個→第 10 章

CHAPTER 1

讓對話又有趣又能持續的「閒聊」

CHAPTER 2

怕生的人也能使用的「初次見面說話法」

CHAPTER
3

擺脫不安「不焦慮的對話方法」

CHAPTER 4

能讓對方理解的「說明」

CHAPTER

5

讓人不由得心悅誠服的「簡報」

CHAPTER 6

不尷尬的「表達方法」

CHAPTER 7

創造良好關係的「公司內談話」

CHAPTER 8

提高幹勁的「說話方式」

CHAPTER 9

讓對方開心的「傾聽方式」

CHAPTER 10

引出對話的「提問」

第一章

讓對話又有趣又能持續的「閒聊」

1　開始對話的機緣

擅長閒聊的人，會從□開始對話。

在你身邊，是否也有不知不覺間就能跟人聊起來的人呢？請試著想像一下這種人。

這個人或許是你的朋友，或許是公司的同事或前輩。不知道為什麼，他總是能讓人敞開心扉，聊到忘記時間。

當你在不知不覺間說個不停，對方應該對你做了「某件事」許多次。這件事是什麼呢？

「最近工作怎麼樣？」

「你有休假嗎？」

「咦！是這樣啊，要不要緊？」

「哇~真不得了。然後呢？」

沒錯，就是「提問」。

讓人在不知不覺間聊起來的人，往往都會在恰當的時間點，輕快地問出你想要說的事。

有人提問，我們就會回答。如此一來，就有機會說出自己的事，這會帶給人快樂的感受。

有一分引發熱烈討論的研究可以佐證這件事。

二〇一二年，哈佛大學的傑森・米契爾（Jason Mitchell）博士使用磁振造影觀察研究對象的大腦，並發表研究結果：「人在說自己的事情時，和得到金錢、飲食、性的時候一樣，體內分泌快樂荷爾蒙多巴胺的系統會活化」。

也就是說，**當我們在說自己的事情，能得到跟吃飯或獲取金錢時一樣的快樂。**

確實，當對方聽我們分享自己的事，我們會覺得自己獲得了認同而非常開心。**人就是一種非常希望別人能傾聽自己的生物。**

在這個前提下，開始對話的機緣，既不是提供有趣的話題，也不是令人興味盎然的話題。

而是「提問」。

如果是初次見面時的對話，可以說：

「初次見面」＋「你常常來這裡的咖啡廳嗎？」

「你好」＋「你公司在這附近嗎？」

「很高興見到你」＋「剛剛的航程舒適嗎？」

如果是在職場，可以說：

「早安」＋「你最近好像很忙？」

「午安」＋「那個企劃還順利嗎？」

「辛苦了」＋「部長，您今天好像一直在開會？」

拜訪客戶時可以說：

「感謝您一直以來的照顧」＋「咦？貴公司的玄關好像跟之前不太一樣？」

「今天也請多關照」＋「貴公司發售新商品的速度真是驚人，不是嗎？」

「好久不見了」＋「您的身體還好嗎？」

就像這樣，只要一個問題，就能成為開展話題的契機。

能讓人覺得聊起來很開心的，不是「會說話的人」，而是「好聊的人」。所謂好聊的人，就是能對人主動提問的人。

一個小小的提問，就能成為開啟優質溝通的機緣。

擅長閒聊的人，會從「提問」開始對話。

2 如何找到可以持續的話題

擅長閒聊的人，會把＿＿＿的事物當成話題。

我們可能有學生時代跟朋友在家庭式餐廳快樂聊天的記憶，卻不會記得當時聊天的內容。和要好的同事一起吃午飯，或是和老朋友一起吃飯喝酒時也是一樣，雖然度過了快樂的時光，卻不記得這些閒聊的內容。

這是因為，閒聊時比起談論的「內容」，更重要的是快樂的「情緒」。

我目前正在經營教授說話方式的學校，至今見到過不少自稱「不會聊天」的人，從中發現了一件事。

對話無法持續下去的人，往往是把重點放在「談話內容」。他們總會煩惱著「該說些什麼才好」「找不到什麼能說的話題」「說這些沒問題嗎」，拚命在尋找話題。

說得極端一點，**其實閒聊並沒有必要找話題，只須要「提到」眼前的事物就夠了。**

舉例來說，當你和對方在咖啡廳開會，只要提到眼前的資訊，就可以開啟話題，例如：

「這間店客人一直都很多。」

「這裡很寬敞，真不錯。」

「冬天你還是喝冰咖啡嗎？」

不須要一臉嚴肅地煩惱要說些什麼，你的眼前就有很多資訊。

在公司裡等電梯時，遇到了前輩，這時你可以說：

「早安，今天電梯等好久喔。」

「隔壁那台電梯在保養。」

「最近愈來愈熱，穿短袖的人也變多了。」

如果從看到對方時就開始焦慮，愈是煩惱「一定要說些什麼」，就愈說不出話來。這是因為受限於談話內容時，我們的視野就會變狹窄。

請試著拓展視野。**你的眼前就是話題的寶庫。**

與人一起搭車時，可以說：
「很多人都在看手機呢。」
「聽說眼睛一直往下看，對脖子很不好。」
「我最近搭車時都會提醒自己不要看手機。」

一起吃飯時，可以說：
「這間餐廳給人很沉靜、很放鬆的感覺。」
「這杯酒的顏色好漂亮！」
「你看！這隻魚完全沒有骨頭耶！」

像這樣，把話題帶到店內的氣氛，或是眼前的飲料、餐點等。

話題就在你的眼前。既然如此，你要做的事情很簡單，只要好好觀察就夠了。

・眼前有哪些東西？

・這個地點有什麼？
・你感覺如何？

請從「尋找」話題，改變成「提到」眼前的資訊，並試著用這些資訊來聊天。如此一來，對話就會自然開啟，話題也會愈來愈廣。

擅長閒聊的人，會把眼前的事物當成話題。

3 對話停止時的反應

擅長閒聊的人，會從之前的對話中「　　」。

你是不是也曾有過這樣的經驗呢？有時在談話中，對話會突然停下。彼此都沒有話說，突然一陣沉默。這種難以言喻的瞬間，有時很令人害怕。

因此，在這個章節，我將說明對話中斷時的具體應對方法。

無話可說時，拚命尋找話題是最糟糕的應對方式。對方會感覺到你的焦躁，也開始覺得坐立不安。

請先定下心來，繼續留在現場，同時露出自信的微笑，保持態度平靜。如此一來，對方也能放下心來。

不過，如果什麼都不說，氣氛只會愈來愈尷尬，所以還是必須找一個機緣繼續對話。

剛剛提到拚命找話題是最糟糕的應對方式。那麼，話題應該怎麼找才對呢？
對話中斷，代表你們之前曾經有過談話。
因此，**要自然地重新開始談話**，最簡單的方法就是從先前的對話中**「挑選話題」**。

對話中斷時，大致上是這種感覺。
「最近好熱喔。」→「對呀。」（沉默）
「我從上個月開始去健身房。」→「這樣啊。」（沉默）
「上次去針灸院針灸，效果還不錯。」→「這樣啊。」（沉默）

對話中斷時，請仔細審視對話的內容。
觀察後會發現，其中隱藏著許多可以挑選的關鍵詞。

例如，「最近好熱喔」是由「最近」跟「好熱」組成的。
選擇「最近」，你可以說：「最近我都沒什麼食欲……」
選擇「好熱」，你可以說：「真的好熱喔，氣溫好像會到三十五度。」
像這樣運用之前對話中的素材，或許就能夠重新開啟話題。

「我從上個月開始去健身房」是由「上個月」「開始」「健身房」組成的。
選擇「上個月」，可以說：「從上個月開始！你一個月去幾次呢？」
選擇「開始」，可以說：「說到開始，我最近也開始學速讀了。」
選擇「健身房」，可以說：「在健身房是使用專業的健身器材嗎？」

因為是聊天，**說話時不須要太注重前後的一致性**。比起一致性，更重要的是自然感和舒適。

「上次去針灸院針灸，效果還不錯」這句也充滿了可以挑選的關鍵詞，分別是「針灸院」「針」「灸」「效果」「不錯」等等。

可以挑選任一個關鍵詞來繼續話題，例如：

「針灸院是在做什麼的呢？」
「針戳下去不會痛嗎？」
「針灸時會戳下去大概幾公分？」
「效果會持續多久？」

「說到效果不錯，我也常常去推拿。」

在前一句對話中，藏著許多可以延續的話題。即使雙方陷入沉默，也請放心，優雅地面對，好好審視之前的對話。從先前的對話中找話題，重啟對話就會輕鬆許多。

擅長閒聊的人，會從之前的對話中找話題。

4 大幅提升好感度的說話方式

擅長閒聊的人，會用［　　　］＋提問大幅提升好感度。

第一節說明了在閒聊時提問的重要性。不過，你或許會覺得「老是問問題，會不會很像在審問對方？」

確實如此，如果你連續詢問對方「你是哪裡出身？」「故鄉有哪些名產？」「偶爾會回老家嗎？」「你的父母呢？」就會很像警察在審問犯人。

尤其是當你很在意對話的內容，往往會忍不住連續提問。

舉例來說，你和對方的對話可能會是這樣：

對方：「上個月我動了手術。」

你：「是什麼手術？」（說起來最近動手術的人真多）

對方：「我有胃潰瘍。」
你：「你為什麼會得胃潰瘍？」（其實我最近胃也不太舒服……）
對方：「可能是因為喝酒。」
你：「你每天都喝嗎？」（我可能也不太妙……）
對方：「對，幾乎每天都喝。」
你：「你一天大概會喝多少？」（聽起來真讓人擔心……）

對話雖然有持續，但發問的速度太快，會讓對方感到不舒服。因為你一直發問，對方就無法說出自己想說的話。

不過，聽到令人在意的話題，總是會忍不住忽視對方說的話，想問出更多細節。

這時，**請在提問之前，先加入一句「回應」**。例如：

「咦！動手術嗎？真是辛苦了（回應）→你做了什麼手術？（提問）」
「胃潰瘍嗎？一定很難受（回應）→對了，你怎麼會得胃潰瘍？（提問）」
「酒真的很難戒呢……（回應）→對了，你之前大概都喝多少？（提問）」

先用一句話回應對方所說的話，**對方會覺得「自己說的話有被好好接收到」**。

因為你有接收到對方說的話，對方就能舒暢地回答你的問題。這就是討人喜歡的回話法。

舉例來說，詢問「你是哪裡出身？」對方回答「秋田」時，可以像這樣用一句話回應。

- 「原來你是秋田人！那裡有很多好吃的美食對吧！」（回應）
- 「我去過那裡一次，是很棒的地方耶！」（回應）
- 「秋田的溫泉很有名，對吧。」（回應）

當你去客戶的店面拜訪，客戶對你說：

「我改變了店裡的陳設。」

這時，如果你立刻詢問：「你們要開始什麼新企劃嗎？」會有一種在審問對方的感覺。

因此，在提問前要先加入回應，例如：

「現在變得好華麗喔」「門口的商品很醒目」「感覺比以前寬敞」。

如此一來，客戶就會回應你：「沒錯，其實……」建議你在這段對話之後，再問自己想問的事情。

只要得到回應，對方就能明確感覺到你接收到了他說的話，心情也會變好。這小小的一步，能幫助你培養跟對方的關係。

擅長閒聊的人，會用「回應」＋提問大幅提升好感度。

5 炒熱話題的方法

擅長閒聊的人，會用自然的□□炒熱話題。

愉快的對話，會讓人覺得「時間在不知不覺中溜走」「轉眼間就到了這個時間」。想要實現這一點，重點在於「如何讓對方聊得開心」。

這世上有些溝通天才，可以讓對方彷彿進入心流（專心投入眼前事物的狀態）一樣，忘我地說個不停。

這麼說起來，這些人是不是使用了什麼特殊的絕招呢？其實並非如此，甚至剛好相反。

他們使用的是自然的「連接詞」。就像在打排球時托球一樣，使用能夠開啟下一段對話的連接詞，讓對方更容易推進話題。

舉例來說，連接詞有這些：

「然後呢」「之後怎麼了」＝自然推進話題的連接詞。
「也就是說」「具體來說」＝以具體方式推進話題的連接詞。
「對了」「為什麼」＝讓話題有進展的連接詞。

聽孩子分享今天發生了什麼事時，可以說：
「原來是這樣，**然後呢**？」
「**之後怎麼了**？」

在職場聽同事訴說煩惱時，可以說：
「原來發生了這種事，**然後呢**？」
「真的好慘。**之後**你要怎麼辦？」

以上都是很常見的會話模式。

擅長聆聽的人，其實就是將這些連接詞塞進去，自然推進話題。

在職場閒聊時，也可以說：

「也就是說，你這次是隔了一年才去打高爾夫？」

「你說的芳療，具體來說是什麼感覺？」

和客戶聊天時，可以說：

「對了，您說早上五點就能起床，所以是沒有用鬧鐘嗎？」

「您說完全不攝取食品添加物，是怎麼做到的呢？」

這些也都是和前項的回應一樣，完全是不經意的一句話。是不知道有沒有用的香料。

要讓對方說得開心，必須遵守幾個規則：

① 配合對方的步調

② 讓對方來決定

③對方想說的話

不要勉強推進話題，也不要中斷話題，配合對方的步調，自然就能推進對話。

自然的連接詞可以炒熱話題，這是一個出乎意料之外的簡單技巧，不過，如果沒有好好聽對方說話，就無法連接到下一個話題。這個技巧背後隱藏著的重點是「必須專心聽對方說話」。

我常常在想，「其實對話只要以對方為主軸，就會很順利」。

擅長閒聊的人，會用自然的**連接詞**炒熱話題。

6 從無關緊要的話題進入主題

擅長閒聊的人，會使用連接對話與對話的＿＿＿＿。

聊天聊得開心時，我們一般很難找到切入正題的時機。

要是突然說出「聊天就聊到這裡吧，該討論正事了」，等於讓之前營造出來的愉快氣氛都付諸流水，有時甚至會讓氣氛突然變緊張。

學員也常常問我：

「要怎麼從閒聊切入正題？」「想在討論正事時稍微聊一下，該怎麼做才好？」「在講完正事後，要怎麼做才能閒聊一下再結束？」

從閒聊自然地切入正題，在討論正事時自然地聊天，接著自然地結束。想要做到這幾件事，需要的是連接對話與對話的「鋪陳用詞」。

【開場】從閒聊自然地切入正題

在閒聊「這個月是旺季呢，貴公司也很忙吧」之後，進入正題，「**正因為是**旺季，我今天帶來了能讓貴公司業務更有效率的提案」。

或是在閒聊「連續加班這麼久了啊，真辛苦」之後，說出你真正想說的話：

「**那正好**，要不要週末一起吃個飯紓解一下壓力？」

在進入正題之前，先來一句鋪陳用詞：

正因為是／既然你有這種狀況／在這種狀況下／那正好

如此一來，就不會有突然進入正題的割裂感，可以自然切入主題。

使用這個技巧的重點是不太須要在意前後的關聯性，基本上對方不太可能會問你「你說的『正好』是指什麼？」在簡短的會話中，對話的流暢和氣氛比較重要。

【中場】在正題中自然地加入閒聊

「說起來，最近您有去健身房嗎？」
「說個題外話，那個商品現在好像有促銷活動。」

這些就是「現在我想閒聊一下下」的鋪陳用語。
也就是「我想從正題稍微岔出去一下」的意思，如果沒有這些鋪陳用語，突然就開始聊天，對方會覺得：「咦？你怎麼突然開始講這個？」
如果聊天聊得太久了，你可以說：「不好意思，不小心聊了這麼久。我們回到正題吧！」把話題切回去正事。

【結尾】從正題自然地轉到閒聊並結束

先說「今天就到這裡」「我們今天的服務就到這裡結束」，確實結束正題。
接著再說鋪陳用語。
「對了，最近您有休假嗎？」
「不過，部長您為什麼能一直保持健康呢？」
結束正題後，對方的心情會放鬆。在心情放鬆時，加入一、兩分鐘的閒聊。這時，即使是剛剛因為金錢問題面露不悅的人，或是在討論正事時產生糾紛而怒氣沖沖的人，都會面露微笑。

最後加入一點點閒聊，可以完全改變對方對你的印象。

請用自然的鋪陳用語來引導對話。

一開始或許會不太習慣，請先決定一、兩個常用的鋪陳用語，慢慢習慣之後，相信你會有愈來愈多的機會自然地使用它。

擅長閒聊的人，會使用連接對話與對話的鋪陳用語。

7 表現快樂的情緒

擅長閒聊的人，會將情緒轉化為［　　］。

我想問個有些突兀的問題：你擅長表達自己的情緒嗎？

或許很多人都會回答「不擅長」。我之所以這麼說，是因為在網路上搜尋「不擅長表達情緒」，會找到一千萬筆以上的內容。這也就代表，有許多人都為了這件事而煩惱。

我在這十年間舉辦了一萬次說話方式的研習，從來沒有遇過任何人宣稱自己「擅長表現情緒」。

其實，我認為不擅長表現情緒也無所謂。如果我們總是表露出情緒，體力會吃不消，而且，即使勉強自己表達情感，也無法長久持續下去。

不過，有些「對象」和「場合」，會讓你必須表達情緒。

這個「對象」或許是朋友，或許是職場上接觸的人，也或許是對你有好感的人。

「場合」或許是幾個人一起開心聊天時，也或許是在會議開頭，需要一段開場白時。

「在談話中看不出情緒，不知道到底是開心還是無聊的人」「在眾人談話時，獨自面無表情滑手機的人」，這樣的人無法傳達出內心的情感，會讓周遭感到不安。

即使本人沒有惡意，也會讓對方產生錯覺，以為「你覺得很無聊」「你好像不開心」。

欠缺表情和反應時，並不是沒有傳達任何資訊。**你已經將「我沒有情緒」這個資訊傳達給對方了**。

這是很可怕的一件事，因為你給人的印象不是零分，而是負分。

因此，請試著稍微練習表達情緒。

練習方法是**將情緒「轉化為言語」**。

在英語中，光是「驚訝」就有「Wow!」「Oh!」「What!」等表現方法，事情進展順利時則有「Yes!」成功時則會喊「Yay!」有各種多采多姿的情緒表達方式。

我們也可以試著將感覺到的情緒轉化成言語。

例如「這一定很有趣！」「那很開心！」「真令人期待！」「太棒了！」「哇～真好！」「喔！太讚啦！」「聽起來超厲害的！」

在分享自己的事情時，也要好好表現出情緒。

例如「上次很開心」「我好高興」「真的很感動」……等等。

說出這些話時，你的表情如何？是面無表情嗎？應該是很快樂的表情吧。

要面無表情地說出「好期待喔！」反而很困難。就算不勉強自己露出笑容，**只要改變說出口的話，表情也會自然跟著改變**。

不擅長表達情緒的人不是沒有情緒，也不是沒有情感，而是沒有把情感化為言語的習慣。

情感是看不見、抓不著的，不過，或許你可以試著把注意力集中在「腳底」，相信你應該能感覺到「腳底是有知覺的」，因為你注意到它了。注意到一件事，就能夠接收到資訊。

同樣地，去**注意自己的情感，就會察覺它**。

表達情感的方法，就是將情感化為言語。

請先試著說出「快樂」「開心」等簡單的詞語。慢慢察覺自己的情緒之後，再增加表達情緒的言語就好。

擅長閒聊的人，會將情緒轉化為「言語」。

第一章總結

1. 擅長閒聊的人，會從**提問**開始對話。
2. 擅長閒聊的人，會把**眼前**的事物當成話題。
3. 擅長閒聊的人，會從之前的對話中**找話題**。
4. 擅長閒聊的人，會用**回應**＋提問大幅提升好感度。
5. 擅長閒聊的人，會用自然的**連接詞**炒熱話題。
6. 擅長閒聊的人，會使用連接對話與對話的**鋪陳用詞**。
7. 擅長閒聊的人，會將情緒轉化為**言語**。

第二章

怕生的人也能使用的「初次見面說話法」

1 自然搭話的技巧

初次見面就能順利互動的人，會主動▢。

真的很多人都有溝通上的煩惱。

Mynavi news做過一分調查，在以五百人為對象的問卷中詢問「你覺得自己有溝通能力嗎？」結果有七十二・四%的人回答「否」。在我經營的學校中，也有許多學員說自己「不擅長溝通」。

其中又以「個性很怕生，不擅長主動跟人搭話」的人占了絕大多數。這種怕生的人，最害怕的就是「初次跟人見面」的場合。

在這裡，我要介紹一個絕對不會惹人討厭，每個人都能做到的超簡單「自然搭話技巧」。

因為太過普通，也許各位看了會嚇一跳。

這個訣竅就是「打招呼」。可能有人會覺得：「咦，就只是打招呼嗎？」請讓我稍微說明一下。

沒有人會在聽到對方說「早安」之後覺得不舒服，也沒有人會在聽到對方說「午安，今天天氣真好」時感到生氣。

在商務場合見面時，如果劈頭就說「請購買這個商品」，會讓人退避三舍，但當你打招呼說「初次見面，能見到你很榮幸」，沒有人會因此而感到不愉快。

要自然地向對方搭話，最好的方法就是打招呼。因為這種方法絕對不會惹對方不高興。

各位可能會覺得打招呼是很理所當然的事，不過，有些時候其實並不容易做到。

舉例來說，假設我們參加了一個三十人左右的聚會，來到這種場合時，就能清楚分辨出擅長溝通的人和不擅長溝通的人。

先出聲跟別人打招呼的人，多半就是擅長溝通的人。

不擅長溝通的人，會等著別人來跟自己搭話。開場時他們多半扭扭捏捏地看著手上的資料或手冊，或是滑著手機，不跟別人四目相交。

當你只見過對方一、兩次，而對方向你走過來時，擅長和不擅長溝通的人做出的反應也有明顯的差別。

先向對方打招呼，說出「上次承蒙關照！」的人，就是擅長溝通的人。

不擅長溝通的人，會在心裡暗自擔憂「或許對方已經不記得我了……」「要不要假裝沒有注意到對方呢……」無法先開口打招呼。

就算平常都能做到，只要場合或對象改變，就會突然做不到。這就是不能相信自己「當然能跟別人打招呼」的理由。主動跟對方打招呼，其實意外地相當麻煩。

那麼，我們該如何做到主動打招呼呢？

在嘗試去做自己不擅長的事時，我一定會請學員先做一件事。

那就是**「分段」**。

假設是參加剛剛提到的三十人聚會，首先我們必須先抬起頭。抬起頭之後，試著微笑。露出微笑之後，接著嘗試跟別人眼神交會。做到之後，再輕輕點頭致意。

像這樣把行動分成一小段一小段，以最小單位一一進行。**行動不斷累積後，你就會慢慢習慣跟人溝通**。習慣之後，就能自然地跟別人打招呼。

在戀愛關係中，不擅長跟異性說話的人，必須先習慣跟職場上的異性說話。如果覺得這件事很難做到，就先試著習慣跟職場上的同性說話。連這樣都有困難，就先練習跟同性的朋友說話。

如果這樣也做不到，那就在鏡子前面練習露出容易親近的笑容。

把行動切成一小段一小段，就能夠實踐。實踐了，就會產生自信。有了自信，就能挑戰下一步，最後再以終點為目標。我把這個技巧稱為「百分之一行動療法」。只要以百分之一的程度向前，持續邁出小小的一步就好。

能夠主動跟人打招呼之後，就能自然地對話。人際關係會拓展，人生的景色也會開始改變。

初次見面就能順利互動的人，會主動打招呼。

2 用十秒就打開對方心扉

初次見面就能順利互動的人，見面時會先□□。

才剛見面不久，就能讓對方打開心扉嗎？

在回答這個問題之前，我們必須先定義「打開心扉」。

這一章的主題是「怕生的人也能使用的『初次見面說話法』」，因此，我想把「打開心扉」定義為「成為讓對方想多聊幾句的人」。

和「打開心扉」相反的狀態是「緊閉心門」。在心理學上，這叫作心理阻隔。沒有這一層阻隔時，就是敞開心扉的狀態。和一個能讓人打開心扉的人相遇時，我們通常都會想要多聊幾句。

不過，各位可能還是會想，「真的有辦法讓剛剛才見面的對象打開心扉嗎？」

從結論來說，真的有可能。

過去曾進行過許多類似的相關心理實驗，簡單來說，「人對於跟自己相似的人會產生親近感」。常有人說，初次見面的人如果能找到一些共通點，例如「出身地」與「畢業學校」相同時，就會一下子拉近彼此的心理距離。

不過，才剛見面時，我們很難找到與對方的共通點。

這時，**可以先模仿對方的說話速度、聲調、表情、肢體動作等話語之外的「非話語」特質**。

剛開始的十秒鐘，請在跟對方談話時掌握對方的非話語特質，接著盡量配合對方。

有些人說話速度很快，有些人很慢。

有些人聲調很高，有些人很低。

有些人滿臉笑容，有些人沒什麼表情。

有些人肢體動作很大，有些人很小。

相信各位也曾經在剛剛見到面時，就察覺對方「似乎是個穩重的人」「是精力充沛的人」，或是「喜歡說話的人」。

當然，第一印象可能會在之後改變，但是剛剛見面時，對方的特徵會從非話語的特質中展現出來。

如果對方說話速度比較緩慢，你卻對著他滔滔不絕，對方不但不會打開心扉，甚至還會緊閉心門。

大聲問候一個穩重低調的人，可能會惹對方討厭。相反地，如果對方精力充沛，你的問候卻太低調，也會讓對方對你敬而遠之。

這與好壞無關，重要的是配合對方，因為這樣可以讓「相似性」發揮作用。人會對跟自己相似的人打開心扉。

請試著觀察各種團體與社群，成員是不是都有相似的外貌、氣質與性格呢？

相似性讓人感覺舒適，所以人對跟自己相似的人，會無條件地打開心扉。

要是不觀察對方的類型，不分三七二十一就先「精力充沛地」「大聲打招呼」，在交談時「一直使用激烈的肢體動作」，會讓對方受驚，並跟你保持距離。

在剛見面的十秒鐘，要好好觀察對方，配合對方的步調。

這樣可以讓對方本能地認為「你跟我很像」「是同伴」，之後的對話也會比較容易推進。

在剛剛見面的十秒鐘內，就能改變你與對方的親密度。所以請先集中精神，好好觀察對方有什麼特質吧。

初次見面就能順利互動的人，見面時會先**觀察**。

3 百分之百共通的話題

初次見面就能順利互動的人，會以□為對話主題。

怕生的人常常煩惱「該跟對方聊些什麼？」

這時，在前一個章節提到的「相似性」也很有用。當你跟對方有「這個人的感受跟我很像」「我們有相似的傾向」「價值觀很接近」等共通點，你和對方的距離就會一下子拉近。

不過，為了找出共通點而詢問各種問題，可能會因為像是在審問，反而引起對方的戒心。還有，在尋找共通點時，也可能會有不但找不到反而讓彼此陷入尷尬的情形。例如：

「我最近開始打高爾夫了。您有在打高爾夫嗎？」

→「沒有。」

「那部很有名的電影，您已經看了嗎？」

↓「我對電影不太熟。」

還有，即使找到了共通點，也可能會有以下的情況。

「您正在做ＩＴ相關的工作啊！我也是！」（找到共通點了！）

↓「對，不過我現在正在找別的工作。」

「……」對話就此結束。

談論「過去」和「現在」的事時，有許多項目都無法成為你和對方的共通點。因為每個人的知識與經驗都不一樣。

不過，**「未來」的事情因為還沒有發生，較容易成為你們的共通點。**

舉例來說，以下是一段關於未來的對話。

Ａ：「將來您想從事什麼職業呢？」

Ｂ：「我想進入管理顧問公司。」

Ａ：「管理顧問公司！我也有興趣。」

B：「是這樣啊！」

在這裡，你與對方就找到了「對管理顧問有興趣」的共通點。

即使不說出「我也有興趣」，你還是可以用「聽起來很有意義」「很有成長潛力」來表現你的興趣。這也同樣可以讓你跟對方產生「對管理顧問有興趣」的共通點。未來的話題帶有假設性，因此比較容易找到共通點。

「我現在很注意飲食。」

「我也是。」

這也是共通點，不過並不一定會完全相同。這時，你可以用討論未來的方式接話，例如：

「我完全沒有在注意，但最近開始覺得好像到了該注意的時候了。」

即使你所說的不是當下的狀況，你們還是能找到「對飲食有興趣」的共通點。

一般很少會發生出身地與畢業學校、現在的工作和興趣完全相同的狀況。不過，討論未來、拓展話題，能讓你和對方更容易找到共通點。

請試著分析平常你和別人的對話，一定會發現話題中有過去的事、現在的事，也有未來的事。我個人的感覺是，在平常的對話中，過去和現在的話題加起來大約占了九成。

所以，試著增加一些未來的話題吧！

未來的事情不會受到過去成果的限制，容易找到相似性、共通點，可以幫助你一口氣拉近跟對方的距離。

初次見面就能順利互動的人，會以 未來 為對話主題。

4 聽過就不會忘記的標語

初次見面就能順利互動的人，會在對方腦中留下＿＿。

有些人在談話結束後，還會留在你的記憶裡。

在平常的人際關係、戀愛、工作中，有時我們會想要再次見到這些人，偶爾也會想起他們。

留在別人的記憶中，或許是一件高難度的事，但同時也是我們想要達成的目標。

為了留在消費者的記憶中，企業會拚命思考商品的宣傳標語。最好是又短、又令人印象深刻、無法忘記的宣傳詞。

例如：

「一走進玄關就有佐藤的白飯」

「快又好吃，超好吃」

「Intel 在裡面」

等等。

從前，我曾經在社群聚會時見過一個介紹自己是「滿臉笑容的胖子」的人，也有人宣稱自己「是電車迷，正要征服世界」。

這種**有故事性的人，即使經過一段時間，你還是會馬上想起他的臉**。

說是「宣傳標語」或許有點誇張，不過，**能在對方腦中輸入「訊息」的人，就能留在對方的記憶中**。

請試著思考看看「你希望對方認為你是什麼」。

我希望別人認為我是○○○。

請填上這一句的留白。這就是你獨特的「個人訊息」。

我在舉辦研習或演講時，會在學員的腦中留下「總之很好笑」「可以一邊大笑一邊學習」「可以用很有趣的方式學習」等印象。

不過，我其實沒有做什麼特別難的事情，只是在研習時聽了學員講的內容會大笑，笑到抱著肚子或是拍手而已。

只要在對話的基調中加入「笑」，無論說什麼聽起來都會很有趣。有時我甚至會笑到眼角泛淚，但這絕對不是刻意的。

要逗別人發笑或許很難，但自己要笑，其實很簡單。

我出生在共有九個人的大家庭，一家人聚集在客廳時，總是充滿了歡笑。我從小在學校都是參加團隊競技的體育性社團，跟一群人一起練習時也總是充滿了笑聲。在公司開會時，我也發現充滿笑容的會議比較順利。人會在笑容中成長，我打從心底這麼相信。

現在，我想再問一次。

你希望在對方的腦中留下什麼樣的訊息呢？

或許是

「個性開朗的人」

「回話速度超快的人」

「很會聽人說話的人」

若你一時想不出來，請試著回答這幾個問題：
「你在工作上有哪些堅持？」
「別人說你的性格哪裡很特別？」
「常有人誇你哪些地方？」

初次相見時，就在對方腦中留下「這是個○○的人」的訊息。留下這個印象，你就會成為對方腦中無法忘記的人，並擁有更多的機會。

初次見面就能順利互動的人，會在對方腦中留下「訊息」。

5 搭配不同話題炒熱氣氛

初次見面就能順利互動的人，會用□&□打造對話。

如果對方完全不開口說話，該怎麼辦？有些人本就沉默寡言，甚至是不擅言詞。不擅長說話的人，通常有以下的原因。

①不習慣對話
②對說話本身沒有興趣
③不知道說些什麼才好

如果對方不擅長說話，我們卻強迫他說話，這並不是一件好事。

我希望各位能先明白一點，對話是「彼此一起創造出來的」，而不是只有一方拚命在講，另一方拚命在聽。彼此的話題都能協同合作，才是最理想的狀態。

所謂的協同合作指的是「協力」或「共同製作」。**你聽對方說話，也分享自己的話題，一起創造出對話，這就是最理想的狀態。**

有一個簡單的方法可以幫助我們實踐它。這個方法叫作ME & YOU。**也就是「我是〇〇，你呢？」的對話方法。**

以下面幾則對話為例：

・「我在教育界待了二十年（ME），你在這個業界也待了很久嗎？（YOU）」
・「我在日本關東出生成長（ME），你是哪裡出身的呢？（YOU）」
・「我是從車站走了三十分鐘過來的（ME），您是怎麼來的呢？（YOU）」

先說出你的狀況，對方也會比較容易打開話匣子。

溝通能力高的人，在察覺對方「好像不擅長說話」時會立刻先說出自己的狀況，讓對方更容易開口。先打出你手上的牌，再讓對方也跟著出牌，創造出容易開口談話的空間。

ＭＥ是你的話題，ＹＯＵ是對方的話題，這就是協同合作的對話方法。

不習慣對話的人，經常會感到不安，懷疑自己「說這句話好嗎」「不希望對方覺得我很怪」。因此，當你先提供話題，他們會比較放心。「ＭＥ」扮演的就是這樣的角色。

針對跟人說話沒有興趣的人，我們必須先引發他的興趣。這也同樣可以從「ＭＥ」來推動。

突然被詢問「喜歡什麼」時，可能會不知道該回答什麼才好，不過，若你的問法是「我假日喜歡去做岩盤浴（ＭＥ），你有什麼興趣嗎？（ＹＯＵ）」，對方就能掌握話題的方向性。提示話題的方向，也是「ＭＥ」的功能之一。

比起

「你常常參加這種聚會嗎？」

「我今天是第一次參加（ＭＥ），你常常來嗎？（ＹＯＵ）」

只是在開頭多加了一句話，就能讓話題變得明確，對方也更容易回應。

單方面滔滔不絕，或是一直在聽對方說話，會讓這段對話缺乏生命力。想讓對話更華麗多彩，就必須協同合作，也就是使用ME&YOU的「我是○○，你呢？」的對話句型。能炒熱話題的人，不會怠於使用這小小的創意。

初次見面就能順利互動的人，會用 ME & YOU 打造對話。

6 自然地進入小圈圈對話

初次見面就能順利互動的人，不是主動［　　］，而是被［　　］。

・出席派對但是無法跟任何人說上話
・酒席上有不認識的人，讓你不自在
・在多人對話中突然無法發言
・無法加入對話，感覺很尷尬

常有人找我商量「明明一對一對話時沒問題，人數一多反而無法開口」的煩惱。

在多人的對話拋接球中，主動開口說話需要相當大的勇氣。因為我們會忍不住擔心「萬一沒人理我怎麼辦」「而且根本不知道說什麼才好」。

這也難怪，畢竟在一對一的對話中，資訊量只有一，就是眼前的那個人。但到了多人談話時，資訊量會一口氣大幅增加。若是有五個人參加談話，我們就必須掌握其他四個人的資訊。

「A說了這樣的話」「B加入了他的話題」「C好像對這個話題沒有興趣」「D在不知不覺間改變了話題」……這些資訊量會一口氣增加，對話的難度也會大幅升高。

想要自然地加入多人對話，相當需要勇氣。

因此，**要加入多人對話中，你必須學習的不是搭話，而是「被搭話」的技巧**。因為被搭話時，加入對話的難度會降低許多。

首先，我希望各位先了解一個前提：**「人會對有反應的地方做出反應」**。

不知道各位有沒有看過搖擺花？這是一種有點年代的玩具，大概在三十年前很流行。當周遭有聲音，花朵就會擺動。旁邊有人在說話時，搖擺花就會開始動。當它一動，我們就會忍不住看向它。人會對「有動作」的事物有反應。

同樣地，在多人對話中，你只要積極做出反應就好。因為其他人會看向有反應的人。

你的反應可以用以下幾個步驟進行。

步驟① 看著正在說話的人
步驟② 面露微笑
步驟③ 說出評論

舉例來說，當A在談旅行話題，你可以：
步驟①看著A
步驟②面露微笑
步驟③說出：「好像很好玩！」
只要做到這樣就夠了。

當你對對方的話題有反應，對方可能就會問你：「你也常常去旅行嗎？」

有人在分享音樂相關的話題時，你也可以看著對方，面帶微笑地說「我也好喜歡〇〇……」，就算只是小聲說幾句聽起來像自言自語的「好好喔」「好厲害」「好像很有趣」也沒關係。光是這樣，就能確實提高被搭話的機率。而且你說的是自己的感想，就算被忽視也無所謂。

試著在聯誼、飲酒聚會中觀察八面玲瓏的人，會發現對方的脖子總是在動。看著正在說話的人、看這邊、看那邊，總是觀察著周遭，帶著笑容做出評論。

當你對別人的話有反應，對方就會感到開心，進而想要跟你搭話。

多人談話時，你不須要拚命勉強跟別人搭話或提供話題。只要看著正在說話的人，面露微笑，小聲給一句評論就好。這個簡單的步驟，可以讓你從「主動搭話」轉變成「被搭話」。

初次見面就能順利互動的人，
不是主動 搭話 ，而是被 搭話 。

7 愈不會說話的人好感度愈高的原因

初次見面就能順利互動的人，與其提供話題，更該做的是□對方的發言。

每當有人找我商量「我很怕生，很不擅長跟別人講話……」我都會告訴對方：「你不須要勉強自己開口說話。」

其實，不說話的人更容易受人喜愛。因為人會對好好聽自己說話的人產生親近感。

相信很多人在小時候都有跟奶奶聊過天。奶奶總是會聽你說話並給出回應「哎呀！」「是這樣啊～」「咦，這麼辛苦！」我的奶奶，即使我已經跟她說同一件事很多次，她還是每次都跟第一次聽到一樣驚訝。我最喜歡這樣的奶奶了。

其實，在對話中「傾聽」的那一方更重要。聽的人能讓說的人感覺到「有人好好傾聽我的聲音」，因而感覺到溫暖。

因此，你不用勉強自己說話，只要「重複」對方說過的話（直接複述對方說的話），就可以炒熱對話的氣氛。

例如：

A：「前陣子我的孩子到了可以喝酒的年紀。」

B：「咦！你的孩子嗎？」

A：「對呀，他二十歲了。」

B：「已經二十歲了啊。」

A：「時間過得真快。」

B：「真的好快。」

傾聽者 B 只是重複說話者 A 剛才說過的話，A 就自己推進了話題。

觀察電視節目的主持人，也能清楚看到「重複對方說過的話」的效果。例如：

來賓：「我好生氣！」
主持人：「你真的好氣。」
來賓：「對啊，這個制度絕對有問題。」
主持人：「有問題？」
來賓：「你看根本沒有人在用嘛！」
主持人：「確實沒有人在用。」
來賓：「對嘛！我就說……」

觀察電視節目，會發現有些時候就像這樣，主持人只要跟隨著說話者說過的話推進話題。當主持人重複說話者說過的話，說話者就會覺得主持人接受了他的說法，因而感到安心。

不過，「重複對方說過的話」這招用過太多次，有些人會懷疑你「真的有在聽嗎？」這時，我們可以使用各種不同的模式，例如「單純的重複」「加一句話再重複」「重複之後再加一句話」等等。

A：「黃金週我連一天假都沒放到。」

B：「一天都沒有嗎！」（單純的重複）
A：「對啊，臨時接到工作。」
B：「是這樣啊，臨時接到工作。」（加一句話再重複）
A：「對啊，實在很難拒絕。」
B：「很難拒絕啊……真是辛苦了。」（重複之後再加一句話）
A：「還好順利結束了。」
B：「還好順利結束了呢。」（單純的重複）

重複對方說過的話，最大的效果就是你會好好傾聽對方說的話。想要重複，就必須聽對方說話，這時，你的注意力自然會集中在對方身上，這也是讓對方開心的原因之一。

初次見面就能順利互動的人，與其提供話題，更該做的是「重複」對方的發言。

第二章總結

1. 初次見面就能順利互動的人，會主動**打招呼**。
2. 初次見面就能順利互動的人，見面時會先**觀察**。
3. 初次見面就能順利互動的人，會以**未來**為對話主題。
4. 初次見面就能順利互動的人，會在對方腦中留下**訊息**。
5. 初次見面就能順利互動的人，會用**ME**&**YOU**打造對話。
6. 初次見面就能順利互動的人，不是主動**搭話**，而是被**搭話**。
7. 初次見面就能順利互動的人，與其提供話題，更該做的是**重複**對方的發言。

第三章

擺脫不安「不焦慮的對話方法」

1 提高對話的解析度

在人前能好好說話的人，會不厭其煩地做正式上場的＿＿＿。

你在眾人面前說話時，容易緊張嗎？

即使你的答案是「是」，也請放心。許多問卷調查都顯示，有七、八成的人說自己「在眾人面前說話時會緊張」。絕對不是只有你有這種情況。

講師是在眾人面前說話的職業。不過，其實有非常多講師在人前說話都會緊張，甚至有社交焦慮。我曾經面試超過一千人以上的講師，也聽過許多類似的心聲。就連必須在人前說話的職業都是如此，你會緊張也是非常正常的。

不過，在人前說話時，可以明確分成兩種類型，一種是「能夠發揮實力的人」，另一種是「無法發揮實力的人」。

其實，在人前說話時的緊張度會因為「事前準備」而改變，也就是「準備是否充足」。幾乎可以說，事前準備決定了一切。

或許有人會說：「我每次都有準備，可是還是會緊張。」

那麼我要殘酷地告訴你，這代表你的事前準備品質不夠好。

不是花了很多時間，或是練習了很多次品質就會好。事前準備的品質是由別的因素來決定。

假設你必須在一場婚禮上發表談話，並邀眾人一起舉杯祝賀。

這是你第一次的經驗，如果什麼都沒準備，當天就直接上台，你會緊張到心臟都快要停止。

我也是一樣，應該會緊張到全身都是冷汗，因為這是我沒有預料到的狀況。

這就像有人叫我們「閉著眼睛跑步」一樣，一定會怕到一步也跨不出去。要在人前說話時，如果事前沒有想像當時的情境，當然會無法開口說話。

對容易緊張的人來說，沒有準備就直接上場是最危險也不過的行為。

相反地，即使是第一次發表談話的情境，如果能在事前預想情境，又會是怎麼樣的情形呢？

我們可以先想想：

① 是哪些人會聽你說話？
② 有幾個人？
③ 聽眾會是什麼樣的表情？
④ 你要說多久？
⑤ 你是在什麼樣的地點說話？

評估這幾個條件之後，再決定談話的內容，應該會讓你的自信大幅上升。如果有哪些事情是你不知道的，建議事前先問主辦人。

在 Youtube 上搜尋「婚禮舉杯致詞」，可以找到許多影片，看著這些影片想像情境，也是一種可行的方法。

決定事前準備的品質的關鍵，在於「解析度」。**看不清楚上場當天會是什麼情境的人，就會很緊張。能夠清楚想像出當時情境的人，緊張度就會大幅降低。**

練習踢足球射門時，如果什麼都沒想，只是單純地踢了一千次球，結果就只有腿變粗而已。明確想像真正上場的情境，接著練習一百次，會比什麼都不想地練習一千次更能提高得分率。

就算事前有準備卻還是每次都會緊張的理由，就是你對當天的情境沒有明確的想像。

對上場時的狀況有明確的想像，你就會擁有自信。當天情境的「解析度」愈高，愈會轉化成你的信心。

請明確地想像正式上場的情境，將你真正想要表達的內容傳達給聽眾。

在人前能好好說話的人，會不厭其煩地做正式上場的準備。

2 預防不安的心理準備

在人前能好好說話的人，會決定「就算＿＿也一定要把這件事傳達出去」。

我想釐清一件事。

那就是，「緊張」和「緊張感」是完全不同的東西。

「緊張」是一種意識散漫的狀態，在人前說話時，因為腦子裡充滿「希望大家對我有好印象」「不想失敗」「萬一腦袋一片空白怎麼辦」等各種雜念，導致注意力不集中，這種時候，人就會緊張。

另一方面，「緊張感」是一種意識集中的狀態。

在人前說話時，如果精神集中在要傳達的事情上，有時會覺得時間一下子就過了，甚至沒有察覺到自己的心跳很快。

在運動員的世界也是如此，面臨決定是否能出場世界盃的PK對決、大相撲千秋樂的冠軍戰、決定能不能進入季後賽的最後一輪高爾夫時，運動員的精神會非常集中，就像在用線穿過針孔一樣，讓觀眾也能感覺到他們的緊張感。有些人把這種狀態稱為「ZONE」，處於這種狀態的人，能夠發揮很強的能力。

其實，「緊張」和「緊張感」在身體裡發生的狀況是一樣的，交感神經占優勢，心跳變快，心臟噗通噗通地跳，進入亢奮狀態。

但是，剛剛提到的「意識」卻不一樣。

也就是說，在人前說話時，

・意識散漫的人＝緊張的人

・意識集中的人＝帶有緊張感的人

能夠留下好結果的，當然是後者。

在人前說話時，有一個簡單的方法可以提高注意力。

就是決定一行「死都要表達出來」的話。

不論是自我介紹、商品說明還是簡報，都有各種要表達的內容，不過，請你從中挑一行「死都要表達出來」的話語。

接著，把自己的注意力徹底集中在表達這一行文字上。

容易緊張的人，在說話時常會感到恍惚，無法集中在「最後想要表達的事」上，所以才會意識散漫。

如果是企劃會議，說話時請把目標放在一定要說出「這個計畫的核心概念是〇〇！」

若是新商品的提案，就把目標放在一定要讓聽眾知道這個商品是「水果與和菓子的合奏」。

是商品宣傳，就以「購買本商品一年後，客戶的未來一定會〇〇」為主，而且一定要把〇〇說出來。

若是約會，就要告訴自己一定要說出「請跟我結婚」。

當然，要求婚時你一定會緊張，但這時就不要想什麼「希望她眼中看到的我很帥」或是「不知道我的瀏海整不整齊」了。

你必須集中精神。為了集中精神，就得先決定最重要的一行文字。

在人前說話時，就算緊張、就算全身冒汗，還是拚命想要傳達訊息的人，就能打動聽眾的心。這種人靠的不是外在形式，而是能夠以內涵一決勝負。

請把「你真正想要傳達的事」放在正中央，全力聚焦。你一定會在某一個瞬間忘記了平常的緊張。

在人前能好好說話的人，會決定「就算 死 也一定要把這件事傳達出去」。

3 使用能放鬆身體的方式

在人前能好好說話的人，會用真正的　　進入放鬆模式。

緊張到慌張失措時，呼吸會變淺，心跳變快，流汗量也會變多。在這個狀態下無法輕鬆說話。不過，就算告訴自己「心跳慢一點」「別再流汗了」也無濟於事。這些都是自律神經導致的反應，無法以自己的意志控制。

不過，**還是有一件事可以控制，那就是呼吸**。慢慢吸氣、吐氣。我們可以用自己的意志來決定呼吸是深是淺。

在克服社交焦慮的訓練中，會先學習呼吸法。調整心理狀態的冥想也是從呼吸開始。這是因為，呼吸就是讓心鎮定下來最好的方法。

人一天會呼吸兩到三萬次。據說現代人由於壓力與不規則的生活節奏，日常的呼吸有變淺、變快的傾向。也就是說，有很多人都有「呼吸次數過多」的情形。

使用胸式呼吸時，一次能吸進去的空氣量較少，因此呼吸會較淺、較快。

相反地，若能夠深呼吸，就能切換到放鬆模式。想要實現這一點，必須做到腹式呼吸。**腹式呼吸是一種讓肚子凸出，大幅度移動橫隔膜的呼吸法**。

「讓肚子凸出，大幅度移動橫隔膜」聽起來或許很難想像，以下我會介紹三種任何人都能做到的腹式呼吸法。

這三種方法都很簡單，請一定要嘗試看看。

① **肋骨呼吸**

(1) 把手放在肋骨上
(2) 身體稍微向前屈
(3) 保持這個姿勢呼吸

你的肚子應該會在呼吸時凸出，這代表橫隔膜下降，肺葉擴張，吸進了很多空氣。

②肩胛骨呼吸

接著是讓肩胛骨下降的腹式呼吸法。

(1)雙手在身後交扣

(2)肩膀向下壓

(3)保持這個姿勢呼吸

這也是一個能讓肚子凸出的腹式呼吸法。

③手心呼吸

把手握成拳頭，舉到跟眼睛一樣高，保持著這個姿勢呼吸。這時，吸進去的空氣跑到哪裡去了呢？膨起來的應該是胸部吧！這是胸式呼吸法，不是理想的呼吸方式。

接下來，請把手張開，再試著吸氣。這次吸進去的空氣跑到哪裡去了呢？一定是肚子。雖然實際上空氣並不是跑到肚子裡，但手張開時，橫隔膜較容易下降，這會讓肺葉擴張，也就變成了腹式呼吸。

如何呢？實際做做看，應該會發現比你想像得還簡單易懂。

這三種方法，不論想使用哪一種都可以。感到緊張時，請試著深呼吸一分鐘左右。重點在於要在一瞬間深深呼吸並結束。

許多人都說自己有深呼吸，但其實並沒有做到真正的深呼吸，所以才會難以放鬆。

當你真正做到深呼吸，你會覺得身體慢慢變溫暖。如果有感覺到這一點，就算是及格了。我把這種深呼吸稱為「真正的深呼吸」。

呼吸變深，人的表情就會跟著改變，因為這時人會比較從容。所以，請先從抓住深呼吸的感覺開始吧。

在人前能好好說話的人，會用真正的深呼吸進入放鬆模式。

4 陷入恐慌時的思考整理法

在人前能好好說話的人，會先決定好能夠避免恐慌的□。

剛剛開始當講師時，我曾經有一個重大的失敗經驗。那時，我第一次得到演講的工作機會，要在五十個人面前演講。

我仔細練習了非常多次，終於到了正式上台的那一天。可是，當我實際站在五十個人面前，我的腦中突然一片空白。

因為在聽眾當中，有一個人看起來很像我的前主管。

我以前總是挨前主管的罵。我的腦中閃過當時的記憶，在看到那個人的瞬間，就陷入了恐慌。當然，那個人其實並不是我的前主管。

我拿著麥克風的手開始發抖，口中一片乾澀，就算想喝杯子裡的水，但光是拿起杯子，聽眾就會看到我的手在抖，所以無法喝水。我已經完全忘記了那場演講是怎麼結束的，事前的拚命練習也完全徒勞無功。

我從這個經驗中學到的教訓只有一個，那就是「必須假設自己可能會陷入恐慌」。

我們不知道什麼時候會發生地震，不過，可以先決定「地震發生時要怎麼辦」。這就是在進行避難訓練。同樣地，以下三種人必須先決定好恐慌時的「避難路線」。

- 在人前說話時容易恐慌的人
- 常常會大腦一片空白的人
- 會忘記自己原本想說什麼的人

舉例來說，因為曾經在會議上被主管反駁而陷入恐慌的人，下次在會議上發表的時候，就可以先決定好以下幾個應對方法。

避難路線① 陷入恐慌時，

先仔細確認對方問的問題內容：「請讓我再確認一次您的提問內容。」

避難路線② 如果真的不知道答案，

就先決定延到下一次再回答：「我會在〇日前調查完畢再回覆您。」

避難路線③　如果主管說了什麼不合理的話，
要決定好「只說出事實」。
（例）「在〇日的會議上，您指示我去做〇〇」
（例）「這件事在會議紀錄上也看得到」
語氣和緩地說出事實就好。如此一來，主管也很難再說「我沒講過這句話」。

要像這樣，**事先就設計好「萬一發生這種狀況，就這樣應對」**。

那麼，在人前說話時，曾經因為緊張而陷入恐慌的人該怎麼辦？
可以在事先就決定好，萬一發生這種情況，先告訴對方：「可以讓我先整理一下剛剛談論的內容嗎？」爭取整理思緒的時間。

也可以在事前想好，如果談話剛開始就感到恐慌，就先告訴對方：「很抱歉，我一下子忘了剛剛想說什麼，可以先給我一些時間嗎？」

必須處理客訴時，也可以先決定好，當客戶開始感到煩躁不悅，說出：「我不是已經說過好幾遍了嗎！」就必須「冷靜、穩重、仔細地答覆對方」。

恐慌是因為突發性不安與恐懼引發的混亂心理狀態。只要避免突發性，就能防止陷入恐慌。

人在黑暗中一步也無法移動，但只要有光照進來，就能夠前進。即使陷入恐慌情緒，只要有能夠照亮前方的避難路線，就能向前邁進。

所謂的「有備無患」，說的就是這個道理。

在人前能好好說話的人，會先決定好能夠避免恐慌的避難路線。

5 在對話中感到焦慮的緊急應變法

在人前能好好說話的人，會□說話速度。

就算擬定了各種應對方式，還是會有一個問題：實際正式上場時如果怯場了該怎麼辦？在這裡，我想介紹幾個「怯場時的緊急處理方法」。

首先，請試著回想你在正式上場時怯場的經驗。

是在很多人參加的會議上發表的時候嗎？是突然有人叫你自我介紹的時候嗎？或許是婚禮的問候，甚至是邀約乾杯時的一句話？

當時，你說話的速度如何？是不是因為想要快點結束，不知不覺間加快了說話速度呢？這是很自然的，因為我們在緊張時呼吸會變淺，只吸得進少量空氣，接著又用少量的空氣勉強自己說話，氧氣不足，說話速度當然也會變得很快。

正因如此，當開始怯場、焦慮，應該要把說話的速度「放慢到極限」。

說話速度變慢，呼吸就會規律，心情也會漸漸鎮定下來。藉由放慢說話速度，讓身體察覺「我現在是冷靜鎮定的」。

以下是強制放慢說話速度的方法。

① 加入停頓

「今天想向各位傳達三件事。」（在心中默念1、2、3，加入三秒鐘的「停頓」）

「第一件是本公司的創業目的。」（在心中默念1、2、3，加入三秒鐘的「停頓」）

「第二件是本公司取得的專利。」（在心中默念1、2、3，加入三秒鐘的「停頓」）

「第三件是利用專利製造的新商品。」（在心中默念1、2、3，加入三秒鐘的「停頓」）

加入停頓，會形成一段沉默時間，這或許會讓你感到害怕。不過，說話的速度會確實變慢，因為停頓有煞車的效果。而且，加入停頓可以讓你重整呼吸頻率，感到緊張時，請試著停頓久一點，放慢說話速度。

②看著聽眾

或許有人會覺得「看著聽眾說話，只會更緊張」。

不過，就算鬼屋很可怕，但閉著眼睛踏進去只會更害怕，不是嗎？

緊張的時候也是一樣，其實聽眾並沒有任何想法，但當你擅自想像「我好緊張」「聽眾也發現我在緊張」「大家都看到我怯場的樣子，好丟臉」，就會愈來愈緊張，說話速度也會愈來愈快。因此，必須好好看著聽眾，掌握狀況。

掌握實際情況之後，就能鎮定下來，慢慢說話。

③加入提問

在會議上發表、簡報時，可以試著向聽的人提問：「您覺得如何呢？」如此一來，球就會先到對方手上，你也能暫時停止說話，可以藉著這個空檔放慢加快的說話速度。

如果聽眾人數太多，無法直接提問，你也可以詢問：「到目前為止都可以嗎？」等待聽眾點頭。問這個問題的用意是詢問「我可以繼續說嗎？」「我可以稍微整理一下剛剛說的內容嗎？」並得到聽眾的許可。這樣也可以中斷你的發表。請用自然、適當的頻率加入對聽眾的提問。

如果一直都是單方面發表談話，說話速度會愈來愈快。為了防止發生這樣的情況，請巧妙地利用提問這項工具。

怯場和焦慮是難免的，不過，完全不採取應對措施，橫衝直撞地繼續下去，只會在緊張中結束談話。**雖然無法立刻改變不安焦慮的情緒，但我們可以控制自己說話的速度。**

先放慢說話速度，從「加入停頓」「看著聽眾」「加入提問」中選擇一個自己做得到的方法試試看。

在人前能好好說話的人，會**放慢**說話速度。

6 說不出話時的處方籤

在人前能好好說話的人，會從□詞語開始說，跳過□詞語。

雖然有些突兀，但我想問各位讀者，你們擅長用電話應對嗎？我真的很不擅長。小時候，我家裡的電話還是那種大台的黑色電話，每次它響時，都會發出「叮鈴鈴鈴鈴！」的巨大聲響，我總是會被嚇到支支吾吾，說不出什麼像樣的話。

我在人前說話時，也會因為緊張而說不出話，甚至聲音發顫。

長大成人之後，在會議上突然有人向我提問時，我也會因為嚇到而說不出話。我本來就是超級脆弱又玻璃心的人，這些事情對我來說根本是家常便飯。

不過，這些狀況都已經完全改善了。

關鍵在我出社會十年後，當時我工作的聲音訓練公司教導了我「呼吸的程序」很重要。

我們為了發出聲音，必須吐出空氣，這是理所當然的。我們無法一邊吸氣，一邊發出聲音。沒有呼吸，也是無法發出聲音的。

當我們感到焦慮，急著「想說些什麼」，身體會因為緊張而緊繃。身體緊繃時，聲帶周圍的肌肉會緊縮，呼吸的程序中斷，因此很難發出聲音。拿起重物時會用力，這時呼吸也是停止的。身體用力緊繃往往會讓呼吸停止，這就是緊張時說不出話的原因。正因如此，我們必須好好打造呼吸的程序。

以下介紹兩個可以打造呼吸程序的方法。

①從容易說出口的詞語開始說

對你來說，有沒有什麼詞語是比較容易說出口的呢？例如「對呀」「好像」「嗯」「有點」等等，請試著從這些比較容易說出口的詞開始發言。例如：

「對呀，我覺得非常有效」

「好像感覺滿不錯的」

「嗯，我覺得應該可以」

「有點想試試看」

什麼樣的發音、哪一個詞容易說出口，每個人都不太一樣。你應該也有比較容易說出口的詞語。緊張到說不出話時，請試著從這些容易說的詞語開始。

或許這會讓前後的關聯性變得有些奇怪，但還是比說不出話來好得多。開始說話就代表開始呼吸，只要發出一些聲音，你的呼吸就會像水壩決堤時的水一樣開始流動。

②跳掉不好說的詞

我在之前的著作《不緊張的「第一句話」》（暫譯。『緊張しない「最初のひと言」』，Clover出版）中提過一個方法，後來許多讀者都稱讚它很好用，因此在這裡再分享一次。

◎「您早」

如果覺得「您早」不好說，就跳過「您」，直接說「早安」。

◎「您辛苦了」

如果「您辛苦了」的「您」說不出口，就跳過「您」，直接說「辛苦了」。

不管是「（您）早」還是「（您）辛苦了」，意思都有傳達到。

還有，**即使一開始幾個字聲音很小，後來也可以漸漸把聲音放大。**

（例）「初次見面」

（例）「好久不見」

如果講不出來，那就跳過，如果很難發音，那就用能夠發出的較小音量開始說。過度強迫自己發出聲音，反而會更加說不出話。必須自然地呼吸，讓聲音更容易發出來。人須要呼吸才能維持生命，呼吸是一切的基本。

在人前能好好說話的人，會從 好說的 詞語開始說，跳過 難說的 詞語。

7 一輩子都不會社交恐懼的最強心態

在人前能好好說話的人，不在意 　　 。

曾經有人苦惱地問我：「我的社交恐懼真的會好嗎？」

有些人長久以來都為了社交恐懼所苦，即使嘗試各式各樣的方法，仍然無法順利克服。有些人每次在人前說話都會緊張到聲音顫抖，有些人連站在眾人眼前都會感到恐懼。這些人會感到不安，懷疑「是不是真的會好」，也是沒辦法的事。

我想，敝公司舉辦的社交恐懼克服研習次數，應該是全日本最多的。從過去的實際成績中，我有一個結論。

治療社交恐懼的終極方法，就是「看開別人對你的評價」。

舉例來說，好朋友告訴你他要結婚了。這時，你一定會打從心底說「恭喜！」對吧。這時你會感到緊張嗎？我想一定不會。

不過，如果是在婚禮上以友人代表的身分致詞，就是另一回事了。許多人都會看著你，現場還會有很多你不認識的人。你會盡其所能的不想失敗，偏偏就是這種時候，人會忘記準備好的講稿，聲音也會飄忽不定。

明明這件事就跟對朋友說「恭喜」是一樣的，前者不會緊張，後者卻會忍不住緊張。

這是因為，前者是 to you，後者則是 to me。

「to you」指的是注意力放在對方身上的狀態。

是我們「為了對方」「想著對方」「希望對方幸福」而說話的時候。

「to me」則是注意力放在自己身上的狀態。

是我們「為了自己的評價」「為了讓自己看起來很棒」「希望自己成功」而說話的時候。

人在「to you」的時候不會緊張，「to me」的時候才會緊張。

這是因為當「在意評價」「不想失敗」「希望別人眼中的我很棒」而把注意力放在自己身

上，這樣的 to me 心理就會助長緊張的情緒。

因此，讓社交焦慮好起來的方法，就是別在意別人對你的評價。**一輩子都不會被社交焦慮困擾的最強心靈，就是 to you 模式**。

不過，你應該會覺得「如果做得到，我就不會這麼辛苦了」，對吧？我也認為確實是如此。每個人都希望別人眼中的自己很棒，不希望別人覺得自己很糟糕。

在演講界，有一個信念是「捨棄自我，百分之百為了對方而說話」，不過，我認為這是做不到的。我自己也是一樣，其實我到現在還是沒有自信可以百分之百為了對方而說話。

因此，請試著這樣想。我們只要「**慢慢努力，漸漸改成為了對方而說話**」就好。

請放鬆你的肩膀，從小地方開始嘗試。

首先在參加人數較少的會議時試著主動舉手發言。如果在會議開始之前有人請你主持，就先試著做做看。就算一開始很生硬也沒關係，請試著在多數聽眾的面前發表看看。如果有人拜託你在舉杯慶祝時致詞，也不要拒絕，嘗試挑戰看看。

在日常對話中，也可以試著對便利商店的店員說「謝謝」，試著對櫃台接待搭話，說聲「今天很暖和呢」。參加交流聚會，練習主動跟別人搭話。

目標是透過這樣的日常對話，養成說話時能不在意別人眼光的習慣。若漸漸能有為了別人說話的心理餘裕，就更好了。一步一步，慢慢切換到 to you 模式。

當你超越了評價，就會看到真正能好好表達的說話方式。

在人前能好好說話的人，不在意「評價」。

第三章總結

1 在人前能好好說話的人，會不厭其煩地做正式上場的**準備**。

2 在人前能好好說話的人，會決定「就算**死**也一定要把這件事傳達出去」。

3 在人前能好好說話的人，會用真正的**深呼吸**進入放鬆模式。

4 在人前能好好說話的人，會先決定好能夠避免恐慌的**避難路線**。

5 在人前能好好說話的人，會**放慢**說話速度。

6 在人前能好好說話的人，會從**好說的**詞語開始說，跳過**難說的**詞語。

7 在人前能好好說話的人，不在意**評價**。

第四章

能讓對方理解的「說明」

1 重要的事要用一行話來傳達

擅長說明的人，會想像對方的□。

重要的事要用一行話來傳達，也就是「摘要」。

如果不會摘要歸納，聽話的人就會問你「重點是？」「所以呢？」「你到底想說什麼？」我在出社會時，因為每次說明事情都講得長篇大論，發生過無數次被主管中途打斷，問我「重點是什麼？」所以，每次有人因為「想改善不擅長說明的缺點」而來找我商量，我都很感同身受。

這個社會上，沒有多少人能聽不知所云的話語聽上五分鐘。正因如此，**擅長說明的人，會在一開始就把重要的事歸納成一行文字**。

我想，應該每個人都知道「想說的話須要歸納摘要」吧。

不過，摘要的內容是以自己的眼光來決定，這就是你想說的事無法好好傳達給對方的主因。

因為，**唯有當你摘要的內容等於對方想聽的內容**，訊息才會真的傳達出去。

請想像一下在商務會議時，業務突然開始介紹自家公司的歷史。

「本公司是系統開發公司，創設至今已經三十年，提供的服務都是遵循以使用者優先的精神，現在正在與行政攜手共同開發系統……」

業務說明得很認真，但對方一直在心裡想：「你到底是來做什麼的？」

即使你的摘要做得很棒，但如果內容是：

「今天的主題是 Diver City。今後，連結團隊與個人的目標，將熱情與動力保持在高點，將是愈來愈重要的課題。」

聽起來實在太不知所云了，讓人覺得「你在說什麼啊？」反而令人倒彈。

不論再怎麼努力想歸納講稿內容，或是把結論放在開頭，你都不能自己決定這分摘要的內容。**真正擅長說明的人，會先想像對方的「臉」**。

有人來問想減重該怎麼辦時，多數人說的都是「自己想說的話」，例如「飲食占了九成」「還是要先去健身房」「做點有氧運動吧」等等。

然而，問問題的可能是想要減輕體重的人，也可能是想改善外表同時健康瘦身的人，兩者需要的建議完全不同。

因此，用一行文字來表達重點時，必須聚焦在對方想聽的事情上。

不過，當我在研習等場合詢問學員：「你在說明的時候，會先做什麼？」幾乎所有的學員都會回答：「歸納整理自己想說的話。」從來沒有人回答「想像對方的臉」。

要用一行文字摘要重要的內容，首先要先想像對方的臉、臉、臉、臉，就是臉。你要非常努力想像對方的臉，集中精神在對方想聽的事情上。

思考「下星期我必須在晨會上演講，該說些什麼呢？」的時候，請先停下來，以「誰會來聽我演講」為出發點來思考。

思考「要發傳單給客戶，標題該怎麼定呢？」的時候也要記得，你該思考的不是你想取什麼標題，而是在腦中想像客戶的臉。

「貫徹自己立場的人」和「用對方觀感考量事物的人」比起來，後者傳達資訊的有效度要高得多。從工作的成果就能如實看出這一點。

在開始說明之前，先花幾秒想像對方的臉。請把它當成一種訓練，先練習三個月左右。你一定能養成不想像對方的臉就不舒服的習慣。

這樣的習慣，能促使你的說明能力爆發性地成長。

擅長說明的人，會想像對方的「臉」。

2 最能讓人理解的說話順序

擅長說明的人，會根據「對象、內容與＿＿＿」改變說明方法。

想像對方的臉之後，接著要來思考「用什麼順序說明」。這會根據你說明的對象、內容與情境而有所不同。

接下來，我要分享在商務場上可以說是經典款的「能順利說明的三種順序」。

①按照時間前後說明

照著過去→現在→未來的順序進行說明。

如果是自我介紹，就用以下的順序：

【過去】我之前的工作是實習系統工程師

【現在】現在是軟體開發工程師
【未來】將來希望能成為軟體開發的專案負責人

說明客訴案件時，可以用以下的順序：
【過去】昨天，田中商業公司告知資料有錯誤
【現在】現在由佐藤在跟對方了解詳細情況
【未來】了解狀況後，會立刻報告

②從結論開始說

以剛剛的自我介紹為例，可以這樣講：
【結論】我將來希望能成為軟體開發的專案負責人
【詳細】因此，我現在以工程師的身分開發了各種軟體
【統整】我今後也會努力，希望能成為軟體開發的負責人

以客訴為例，可以這樣說：
【結論】田中商業公司有一件客訴

【詳細】說是資料有錯誤，現在正由佐藤在應對
【統整】了解詳細狀況後，會立刻報告

③從大說到小

從大的項目說到小細節。也可以說是從抽象說到具體。

【大】我要分享我的目標
【小】我希望在三年後取得證照，五年後創業

【大】今天想跟各位分享儲蓄型保險
【小】具體是針對儲蓄型保險的種類與選擇方法

這三種順序都是基礎的說明方式，不過，光是使用它們還不太夠。最大的重點在於，**必須根據對象改變使用的順序。**

說話方式的習慣是很可怕的，我們都會有自己覺得最好用的說話方式，例如「我一直都是用

時間順序來講」「我最擅長先講結論」「我以前受到的訓練是要從大說到小」，而且我們會一直想用同一套順序說明。

相信看到這裡的讀者都已經明白了，用自己喜歡的順序說明的人，說明的技術會一直無法進步。**真的很會說明的人，會根據對象、內容與情境分別使用不同的說明順序。**

有時可能會弄錯該使用的順序，不過，這也算是一種練習。

我們必須先察覺「自己喜歡的說明順序跟對方能了解的順序不一樣」。就算只做到這一步，說明時的理解程度就會有很大的改進。

擅長說明的人，會根據「對象、內容與情境」改變說明方法。

3 邏輯性思考的迴圈

擅長說明的人，會以「主張→□→論據」建構論點。

我二十多歲時，對「邏輯」這個詞感到很苦惱，因為我無法用有邏輯的方式跟別人說話。

也因為如此，主管曾無數次對我說：「你要多用點腦！」「要好好思考！」甚至曾經對我怒吼：「你的腦袋裡面是裝肌肉嗎！」

不過，當時有一位在商務學校進修的前輩，教了我「**托爾明模型**（Toulmin Model）」。這個理論讓我的邏輯性思考有了成果。

「托爾明模型」是利用以下三個思考迴圈運作的模式（原本的理論更複雜，在此則簡化說明）。

主張（claim）＝你的想法、你的結論
事實（data）＝能夠支持主張與結論具有正當性的客觀數字與事件
論據（warrant）＝連結主張與事實的理由

舉例來說，當別人擔心你喝太多酒，若只是告訴你「你要少喝一點」，聽起來很沒有說服力，對吧？

這時，對方可以試著這樣說：

主張：「你要不要稍微控制一下酒精的攝取量？」

事實：「根據國立癌症研究中心的研究，一天攝取的酒精量平均超過六十九公克，罹患癌症的機率就會上升六十％。」

「你現在每天都喝三瓶啤酒對吧？」

「一天的酒精攝取量都接近七十公克了。」

論據：「如果一天只喝一瓶，得癌症的機率就會減低。」

以上的說法，是不是比「總之你要少喝一點」來得有說服力呢？

在公司發言時，我們也可以利用這個方法，例如：

主張：「我認為應該進軍〇〇業界。」
事實：「在社群網站上可以看到潛在的新聞，其他公司還沒有參與，而且如果現在就開始準備，幾乎不需要成本。」
論據：「等到新聞正式發出來之後，其他公司會一窩蜂加入，所以現在是最好的機會。」

陳述意見時，把主張：□□□、事實：□□□、論據：□□□都列出來，再填滿空白。例如以下這樣：

主張：「以後不要在這條路上跑步。」
事實：「上個月這條路已經發生了兩起交通事故。」
論據：「視野不清晰，很危險。」

當你的想法愈來愈精確，大腦就會自動在腦中準備三個空白欄位。

如此一來，你就不再只有主張，卻沒有客觀的數字或事件等事實，或是連結主張與事實的論據太過薄弱等狀況。此外，每個人都有思考時的偏好，這個方法也可以幫助你發現在主張、事實與論據中，哪一個比較薄弱。

使用「主張」「事實」與「論據」來說話之後，我的說明能力有了突飛猛進的進步。我在會議上的意見也大都通過了，簡直令人大吃一驚。連跟外資顧問討論時都能有來有往，工作的成績獲得認可，甚至曾負責規劃一年三千億日圓的預算。

現在，我經營商務學校，使用自己過去最討厭的「邏輯」這個詞，舉辦邏輯性思考與說服力的研習。

即使是討厭或不擅長的事，只要克服，就會成為你的助力。

擅長說明的人，會以「主張」→「事實」→「論據」建構論點。

4 能讓對方說出YES的邏輯

擅長說明的人，會用連接詞「　」強化主張與論據的連結。

「明明已經好好說明了，對方卻聽不懂……」「明明很明確地釐清了邏輯，對方卻拒絕……」「就是不肯點頭……」世界上就是有這類人。

明明已經明確說出了自己的主張，聽完以後對方卻還是表情陰沉。

這時，有三個必須注意的「陷阱」。自認為「很會說明」的人，或許愈容易掉入這樣的陷阱。請一定要檢查看看。這三個陷阱分別是：

① 前提與議題不符

我這兩年在朝日電視台的節目當辯論比賽的審查員。這是一個由西村博之先生和知名嘻哈歌手Ryoff Karma和藝人以辯論方式對決的節目。我在其中發現，很會辯論的人，多半從一開始就鎖定了議題的前提。

舉例來說，辯論主題是「人生重要的是愛情還是金錢」時，主張「愛情」的人，會先決定話題的方向性，例如「人生最重要的就是家人」。有了這個前提之後，就可以用「家人是有錢也買不到的，所以愛情比較重要」的論點獲取勝利。

平常在職場上與人對話中，想要主張「他是個好人」時，你的前提可能是「好人就是有信用的人」或「好人就是別人有困難時會出手相助的人」，但若對方對「好人」的認知前提與你不同，就不會同意你的說法。

在購買備品的討論上也是，當你認為「應該可以買到三萬日圓」而提案，主管卻連一萬日圓都不想花。你們兩人對於備品的前提不一樣，這時，不論你想說服主管購買的邏輯多麼明確，主管都不會點頭。

前提的意思是「主張」。首先，請先確認你跟對方的前提是否一致。

②事實太薄弱

另一種常見的案例是「主張可以理解，但事實太薄弱」。前一個章節提到「托爾明模型」時說過，「事實」是能夠支持主張與結論具有正當性的客觀數字與事件。

最近，你是不是也常聽到別人說「電視的時代結束了」呢？這是因為 Youtube 興盛之後，看電視的人變少了。這句話乍聽之下好像是對的，但隨時都能觀看電視節目重播的 TVer 已經開始營運，也有調查結果發現，六十歲以上的國民幾乎所有人都會看電視。

今後，當高齡化繼續推進，等到現在用智慧型手機看 Youtube 的人都超過六十歲之後，或許也會開始看電視。因此，很難斷言電視的時代已經結束。**如果沒有能夠支撐主張的事實，說服力就會下降**。

請先檢查你是否已經成功收集足以支撐主張的客觀數字與事件。

③論據不足

就算主張明確，但論據（理由）不足，對方就不會接受。只有「我感覺好像是這樣」這種理由，是無法讓你的主張過關的。

舉例來說，你為了改善職場的人際關係，向主管建議「每個月找一個時間讓大家聊天」，但你的論據與「聊天為何可以改善人際關係」無法連結，因此主管就不會同意你的提議。

你必須找到強化論據的方法。**我建議使用的方法是嘗試在平常的對話中加入「因為」這個口頭禪**。

「我們去吃黑毛和牛漢堡吧」→「因為有限量一百萬個」

「週末去看電影吧」→「因為我需要強制讓我忘記工作的時間」
「每天要攝取二十五公克的堅果」→「因為含有豐富的不飽和脂肪酸，可以預防皮膚乾燥，還有抗老的效果」

這個小小的訓練可以讓你不會茫然地行動，而是先弄清楚理由。

你的說法是否能讓對方接受，真的只有毫釐之差。請一定要確認前面提到的三個陷阱，建立能讓對方點頭的邏輯。

擅長說明的人，會用連接詞「因為」強化主張與論據的連結。

5 將模糊的內容化為言語

擅長說明的人，會用「　　　、舉例、區分」將想法化為言語。

你有沒有找人問，或是被人問過「哪一件衣服比較好？」其實，在問這種問題時，本人心裡大概都已經做好了決定，只是沒辦法明確說出選擇的理由，所以才去問別人。

此外，當我們使用「總之我贊成」「我覺得這個方案似乎比較好」等模糊不清的說法，也有可能是因為我們的感受雖然是如此，卻無法好好地化為言語。明明有讓我們這麼想的理由，卻無法用言語說出來，實在是很可惜的一件事。

接下來，我想介紹用言語表達出想法的具體方法。

假設你想要說出對一部電影的感想。

「那部電影怎麼樣？」→「我覺得還滿有趣的」

這種說法太過含糊不清了，對話可能無法繼續下去。

這時，可以使用以下三種方法中的任一種，用言語表達出你的感想。

①**聚焦**在單一場景

「最後的二十秒，是沒有聲音的結局畫面，然後觀眾都歡呼了，真的超感動！」

②用相似的場景**舉例**

「設定很清楚明快，像《航海王》的『我要當航海王！』一樣，真的很有趣！」

③**區分**每個場景

「前半劇情的說明比較長，但到了後半都有好好收束，看了很舒服！」

雖然只是十秒鐘左右的閒聊，但比起「我覺得還滿有趣的」明確了不少，不是嗎？

「聚焦」「舉例」「區分」這三種方法，就是言語化的重點。

① **聚焦**

吃東西時，只說「好吃」，很難讓別人了解這種食物真正的好。這時，我們要更具體地聚焦，舉例來說，你可以說：

「甜味跟酸味搭配得絕妙，超棒的！」

聚焦在「味覺」，**就能說出「甜味」「酸味」「絕妙」等各種形容詞**，比只說「好吃」更能讓人了解它的美味。

② **舉例**

舉一個相似的例子，例如：

「這顆番茄就跟桃子一樣甜！」

就能把感受用言語表達出來。

「這種番茄看起來好像蘋果。」

像這樣用類似的東西來舉例，對方就更容易想像。

③ **區分**

把一開始的感覺和最後的感覺區分開來，就可以用言語來表達感受。

例如：

「一開始很酸，後來慢慢感覺到甜味」。

主管有時候會問下屬「有沒有什麼好主意？」其實，這也是一個過於籠統、不容易回答的問題。「好主意」到底是「之前都沒有人提過的意見」，還是「雖然經典但是大家都需要的東西」呢？好好區分之後，問題才會更加具體。

能不能有明確的答案是另一回事，重點在於這樣問問題，才能讓回答的人更容易思考。

有些人擅長集中在一點，「聚焦」注意力，有些人擅長用相似的東西來「舉例」，還有些人擅長「區分」話題內容。請先選一個你比較擅長的方法，試著實踐看看。

擅長說明的人，會用「聚焦」、舉例、區分」將想法化為言語。

6 升級你的詞庫

擅長說明的人，會利用□詞和□詞來增加語彙。

在社群網站上，有時候會看到「在便利商店買的布丁真是太讚了（語彙力）」「那個選手真的太強啦（語彙力）」這種貼文。有些人會像這樣在找不到合適的形容詞時，用（語彙力）來自嘲自己表達能力很低。近年來，在研究說話方式的圈子裡，也常常聽到「語彙力」這個詞。

在X和IG上，常常會看到加上「#語彙力」標籤的貼文，走進書店，也會看到書架上陳列著許多強調「語彙力」「換句話說」的書籍，其中還有一些是暢銷書。

其實，**語彙力指的就是配合當時的情境與對象，將自己的話轉換成適當詞語的能力**。

有人問你感想時，即使你只想說「很棒」，也有各式各樣的方法可以換句話說，例如「這是這一年來我看到過最好的」「真的打從心底很滿意」「魄力很驚人」「令人感動」等等。語彙力很高的人，就是擁有許多「換句話說的選項」的人。

在我開設的學校中，也有許多學員說自己「在平常的對話中只會一直說『好棒』，覺得自己缺乏表現能力……」「在社群網站上總是說著一樣的話」「一時之間想不到什麼好的詞彙」。

不過，其實有一件事大家都沒有發現。

那就是，其實我們每個人都擁有非常多的語彙。

根據《圖說日本語：用圖表來看言語》（暫譯。図説日本語：グラフで見ることばの姿，角川書店）這本書的統整，一般人知道的詞語約有三萬到五萬個，學養與知識豐富的人，詞彙量更高達五萬個以上。也就是說，我們腦中已經累積了很多詞語。

在我創辦的學校舉行的研習中，有一個研習是「禁止外來語」。參加這個研習的人，必須用日文來替代平常用外來語來表現的內容。

舉例來說，「禁止使用 discussion 這個詞」，學員們就會想出「議論」「討論」「交換意見」等許多詞語。

「master」是「學習」「習得」「學會」，「irregular」是「意料之外」「不規則的」「無法預測」等等。實際試過之後會發現，在你的倉庫裡，其實早已儲存了許多詞語。

我們只須要在短時間內引出這些詞語的triggar……抱歉，如果不用外來語來說，就是「扳機」。

能夠幫你取出詞語的扳機，就是「同義詞」和「反義詞」。

同義詞的意思和字面一樣，是具有相同意義的詞語。

舉例來說，將「可愛」變換成其他詞語，有「漂亮」「美」「討人喜歡」等各種不同的表現方法。近似於「近義詞」。

也就是說，同義詞其實就是一條「可愛」≒「？」的公式。

反義詞則是相反的詞語。

請試著說出「他是個認真的人」的反義詞。例如：「我從來沒見過他不認真」「他完全不懶散」「他就是沒辦法偷懶」「我覺得他可以隨便一點」等等。

它是「認真」⇔「？」的公式。

說到提高語彙力，常會讓人覺得「必須去記各種詞彙」，其實並非如此。你已經知道很多詞語了，**只須要用幾秒鐘思考同義詞「相似的詞語有哪些？」和反義詞「相反的詞語有哪些？」就**夠了。同義詞和反義詞會敲敲你的大腦，讓你想起「啊！原來還有這個詞」。

擅長說明的人，
會利用同義詞和反義詞來增加語彙。

7 「不說明」的說明技術

擅長說明的人，會用□法來說明。

如果，不用說明自己的想法，你的提案就獲得了採用，你覺得如何？應該會疑惑「這種事真的做得到嗎？」就結論來說，只要利用「悖理法」，真的做得到。

「悖理法」是高中數學出現過的用語。是一種經由「假設命題不正確，將產生矛盾」來證明命題正確的方法。

光是這點說明，聽完一定不太明白。我以前最不擅長的科目就是數學，光聽到「證明」，就會頭昏腦脹。

不過，這個「悖理法」在商務場合其實經常使用。

為了讓內容淺顯易懂，接下來我會用簡單一點的方法解說悖理法。

舉例來說，你的意見是X，對方的意見是Y，你們彼此對立。

一般來說，我們會說明X的正確性，但使用悖理法時，就不是這樣了。

必須先站在Y意見的角度，再指出它的矛盾之處。

「我明白了，那麼我們先假設Y是正確的，如此一來，就會產生這樣的矛盾。所以X才是正確的，不是嗎？」悖理法就是這樣的理論方法。

舉個具體案例，各位應該會比較了解。

A認為「這個專案應該要交給佐藤」。

B則主張「交給五十嵐負責」。

這時，A可以先同意B的意見。

A：「交給五十嵐好像也可以。」

B：「沒錯。」

A：「不過，五十嵐手上已經有五個案件了，請他再負責這個專案會不會延誤？而且，我覺得再拜託五十嵐也太辛苦他了。」

B：「或許很難再拜託他接這個案子……」
A：「不試試看佐藤嗎？」
B：「就這麼做吧。」
大致上是這樣。

如何呢？A只是點出請五十嵐負責這個案件時會產生的矛盾，其實根本沒有說明選佐藤比較好的理由。**完全只是以相反的方式證明自己比較合理的說明。**

讓我們仔細觀察一下職場的對話。

主管說：「我想把這分工作交給你。」但下屬心想「為什麼是我啊……」這時，主管說：

「你不做這分工作，就會一直不知道怎麼做，所以你該去做。」

可是，仔細想想，也許這分工作根本沒有必要學，可能根本是可以交給外包去做的工作。

主管說的話，也是一種沒有達到說明效果的說明。

「如果比腕力，一定是力氣大的人會贏，所以我們用猜拳來決定吧。」

先別管實際上有沒有這種對話，重點是，這句話並沒有說明猜拳的正當性。

這一節想要說明的是，還有一種說明方式是先贊同對方的意見，站在「如果選擇〇〇」的立場指出這個意見的矛盾之處，再讓自己的提案通過。

為了讓自己更柔軟靈活，能夠對應各種不同的情境，了解說明時使用的悖理法，可以讓你在溝通時更加得心應手。

擅長說明的人，
會用悖理法來說明。

第四章總結

1. 擅長說明的人，會想像對方的**臉**。
2. 擅長說明的人，會根據「對象、內容與**情境**」改變說明方法。
3. 擅長說明的人，會以「主張↓**事實**↓論據」建構論點。
4. 擅長說明的人，會用連接詞「**因為**」強化主張與論據的連結。
5. 擅長說明的人，會用「**聚焦**、舉例、區分」將想法化為言語。
6. 擅長說明的人，會利用**同義**詞和**反義**詞來增加語彙。
7. 擅長說明的人，會用**悖理**法來說明。

第五章

讓人不由得心悅誠服的「簡報」

1 提高演講能力的方法

擅長簡報的人，比起簡報內容更著重於思考[　　]。

各位可能會覺得突然討論起演講很奇怪，不過，「演講」和「簡報」其實有著非常相似的共通點。

最近，有愈來愈多公司在晨會時加入演講環節。

如果明天你在公司的晨會必須演講一分鐘，你會講什麼呢？

是時事、運動，或是跟季節相關的話題嗎？還是偉人、記念日呢？有些人會分享自己最近熱衷的嗜好，或許也有人會因為「沒有什麼可以說的」而感到煩惱。

說到這裡，可能已經有人開始思考「究竟是為了什麼才要在晨會上演講呢？」沒錯，重點就是「目的」。

在構思談話內容之前，先思考談話目的的人，非常有演講的天分。

每個企業在晨會演講的目的都不一樣，例如：

- 分享自己所學，讓其他成員的行動也發生變化
- 提振眾人精神，讓大家能一早就精力充沛地開始工作
- 彼此分享工作，促進團隊合作

根據不同目的，演講的內容也有所差異。

一開始就注意到目的的人，能夠做到讓聽眾高興的演講，平常的簡報也多半能讓人滿意。因為他們抓住了演講與簡報的本質。

很多人都會在被告知「下次晨會要演講」之後，思考「要說些什麼」。在我創立的學校中，也有學員會來問「要說些什麼才好」，這時，如果反問他們「晨會演講的目的是什麼？」往往會得到一陣沉默。

因為他們心中滿是想要「好好演講」的想法，卻完全沒有想到「演講的目的」。

其實我以前也是這樣。

我喜歡和菓子，常常會買來當伴手禮，但經常會發生送給對方之後，才想起來對方不喜歡紅豆等等的狀況。其實，我們送對方伴手禮，一開始的目的應該是要讓對方高興才對。

為了鼓勵沮喪的朋友而辦了聚餐，結果根本完全沒有問朋友發生了什麼事，光是給了一堆建議就結束了。我也常常像這樣忘記了自己本來的目的。

因為有這些經驗，我在收到演講的邀約時，一開始就會問主辦人：

「對您來說，聽完這場演講之後，聽眾要有怎麼樣的感受，這場演講才能算是成功呢？」

我在接受雜誌或網路媒體訪談的時候，也會在一開始就確認：

「您希望讀者有什麼樣的反應呢？」

說到演講，我們常會覺得「一定要正正經經地說話」「一定要分享一些正面的內容」。

不過，演講其實是為了聽眾而講的，因此必須由「為了什麼而說」開始思考。只要弄清楚這一點，可以說這場演講已經有九成已經完成了。

不論是演講或簡報，在你感到自己幫助了對方的時候，就會產生自信。因為你能夠想像對方聽了你的分享而高興的模樣。

思考「為了什麼而說」，將會讓你的說話能力開花結果。

擅長簡報的人，比起簡報內容更著重於思考目的。

2 抓住人心的簡報方式

擅長簡報的人，會用「主題↓□↓危機↓□」的順序說故事。

有些人很擅長在一大群人面前發表談話。這種人說的話往往能讓人聽得入神。

其實，說話很有趣的人都有「共通的順序」。這種順序不只是在說話方法上適用，在民間故事、漫畫、電影中也都經常有使用。

舉例來說，灰姑娘就是這樣的故事。

①灰姑娘被繼母和繼姊欺負
②神仙教母出現，灰姑娘參加舞會
③把玻璃鞋掉在舞會
④王子前來迎娶灰姑娘，幸福快樂的結局

這個故事的綱要是①「故事開始」→②「劇情大幅度的進展」→③「遇到危機」→④「故事結束」。

這就是我們在學校學過的「起承轉合」。在「起」開始話題，「承」推進內容，「轉」製造轉機，「合」結束故事。

如果是哆啦Ａ夢，就會是大雄遇到麻煩（起）→哆啦Ａ夢拿出道具（承）→胖虎搶走道具（轉）→哆啦Ａ夢解決問題（合）。

當然，並非所有的故事都是這樣，但「起承轉合」這個詞早在十六世紀中葉的日本國語辭典中就找得到，可以說是主流中的主流。

不過，即使有人告訴你「用起承轉合的方式來說話吧」，你應該也無法立刻掌握狀況。

請試著這樣想像看看。

起＝「主題」→承＝「好機會」→轉＝「危機」→結＝「逆轉」

這個原則可以應用在發表、簡報、自我介紹和問候。例如：

〇商品的簡報

主題＝開發了可以鍛鍊深層肌肉的抗力球
好機會＝在新冠疫情下，大眾都關在家裡不出門，對此類商品有很大的需求
危機＝然而，最近需求減退，有許多庫存商品
逆轉＝藉由最後的機會，請認識的人幫忙在照護設施做宣傳推銷，商品一下子大受歡迎，還上了電視

〇自我介紹

主題＝我自稱「健康達人」
好機會＝自從不吃加工食品之後，身體就變得很健康，也不會感覺到壓力
危機＝其實以前因為吃了太多垃圾食物，工作壓力又大，昏倒過一次，還被救護車送到醫院
逆轉＝從那次之後，就徹底改善了飲食習慣，現在的身體年齡足足年輕了十歲

〇婚禮上的朋友致詞

主題＝真的很恭喜兩位結婚
好機會＝新郎對新娘真的非常專一
危機＝不過，新郎只要一覺得心虛，鼻孔就會張開
逆轉＝但是請放心，新郎沒做什麼心虛事，我可以保證

把要說的內容放進這四個部分，故事就會成型。追劇時，我們總覺得時間一下子就過去了，這正是因為故事會讓人投入其中，甚至深深著迷。所以請務必試著利用「主題→好機會→危機→逆轉」製造出你的故事。

擅長簡報的人，會用「主題→好機會→危機→逆轉」的順序說故事。

3 讓簡報成功的黃金守則

擅長簡報的人，會確認對方的＿＿＿，然後提案並比較討論。

簡報要成功，有一個必勝的方法。

亦即你的提案比對方期待的更有價值。對方期待的價值包括了內容、金額、功能等一切屬性。

從前，我以為只要真心告訴對方「這個商品真的很棒！」「您真的應該把這個制度帶到公司裡！」提案就一定會通過。當時的我，做的就是用氣勢和毅力奮鬥到底的簡報。但是，光是講自己想說的話並無法讓對方點頭。

我做過幾千次簡報，在這些失敗中，我最大的發現就是——「把重點放在自己想說的話上，**簡報就一定會失敗**」。

能夠在簡報時成功的人，都有「成功模式」。

步驟①：確認對方的「期待」
步驟②：提出超越對方期待的「提案」
步驟③：「比較、討論」①和②

這個流程本身很簡單，但想要實現它卻相當困難，尤其是步驟②。我一開始也覺得「要提出超越對方期待的提案也太難了」。

不過，這裡就是簡報的精髓。許多人都把心血放在②，但真正擅長簡報的人，會把九成的心力都用在步驟①「確認對方的期待」。

舉個看醫生的狀況來當例子，或許會比較容易理解。

假設你的胃已經不舒服好一陣子，有時胸口附近還會一陣劇痛。你擔心自己會不會生了重病，因而前去就醫。

要是醫師在看診時只說：「我知道了，那我給你開胃藥。」只花一分鐘就看完，你應該會覺得醫師都不問你的症狀，令你感到非常不安。

不過，如果醫師花了五分鐘仔細聽你描述症狀呢？是不是就會讓你放下心來？

雖然不是為了放鬆心情才去看醫生，但這種「經過醫生的診察、開立適當處方藥、詢問症狀、減輕了內心擔憂」的過程，超越了你的期待。

醫師聽你說話的時間是一分鐘或五分鐘都無所謂，處方藥也可能都一樣，但你的感受卻大不相同。

光是對方聽你說話，你的心情就會變平和。這在心理學上稱為淨化作用。

有人聽你說話時，你就會把自己心裡的焦躁煩悶轉化成言語說出來，如此一來，你的期待就會更加明確。

這是因為對方深入完成了步驟①「確認對方的期待」。

對方還鼓勵你「一起完成你的期待吧」，你當然會因此產生勇氣。

簡報的成敗，多半在這時候就已經底定了。

我常常聽到新郎新娘在決定宴客會場時，因為婚禮顧問非常認真地聆聽他們的需求，最後雖然超過了預算，兩人卻都非常滿意。也常常聽說在高級日式餐廳，店家細心詢問客人的需求後提出推薦的餐點，雖然比平常用餐的價位高出不少，客人還是吃得很盡興。

提案前必須用全副心力確認對方的期待。接著，找到彼此的共識。其實，若沒有共識，本來就是無法提案的。

提案的本質是幫助有困擾的人。釐清對方的期待，確認「真正讓對方感到困擾的是什麼」「對方究竟希望事情怎麼發展」，是簡報的不成文規矩。

擅長簡報的人，會確認對方的期待，然後提案並比較討論。

4 如何發出擄獲人心的聲音

擅長簡報的人，會在節奏、聲音高低和□上製造變化。

對於簡報時的發聲方式，有各種不同的說法，例如：

「想要有說服力時，說話要放慢，聲音要放低」

「想讓自己聽起來更有精神，說話聲音要拉高一點」

不過，讓聽眾著迷的發聲方式，還是要看當時的情境適時調整。根據聽眾的狀況與當時的情況，講者的發聲方式會有所改變，很難一概而論。

不過，有一點可以確定，那就是「沒有變化會讓人厭倦」。

唸經就是一個常用的例子。並不是說經書的內容本身不好，但是，像唸經一樣用固定的節奏發出聲音，聽的人會愈聽愈睏，因為完全沒有變化。

簡報時，如果讓聽眾睡著，他們的注意力就再也回不來了。

在知名的簡報大師中，也有人是從頭到尾都用一樣的步調深入解說。不過，說到真的想要告訴聽眾的內容時，一定會增加呼吸量，語氣也會變強。這些都會造成變化，讓聽眾聽得入迷。

相反地，說話語調活力十足的講者，偶爾也會改用傷感的聲音，這樣可以讓自己的談話更加深入人心。

吃到非常美味的食物時，我們會自然地說出「好好吃！」**心中有了情緒，聲音自然會發生變化**。

不過，對於初學者來說，一開始就想做到「用情緒來引導聲音變化」實在太難了。因此，建議先用技術性的方法加入變化。

這裡所說的技術，主要分為以下三種：

① **節奏**
② **聲音高低**
③ **語調**

節奏指的是說話快或慢，也就是說話的速度。
聲音高低是 Do Re Mi Fa So Ra Si Do，也就是說話的音高。
語調是強度，說到一定要告訴對方的部分時要加強，其他時候減弱。
說話時，我們要分別改變這三個項目。

剛開始，可以先把要說的內容寫成文章，在旁邊註記「快/慢」「高/低」「強/弱」，會比較好掌握。

平時我們通常較為自制，很難隨心所欲地變化。因此，在改變說話方式時可以誇張一些，這樣對聽眾來說，變化的程度才會剛剛好。

說話時加入變化，就能漸漸在談話中加入情緒，這並不是一種樂觀的預測。露出笑容時，心情自然會變愉快。有時即使並不覺得有趣，只要笑出來，就能感覺到有趣開心。

這種方法叫作行為治療。透過行動，能夠真正改變人的內心。「只要在說話時加入變化，情緒就會自然浮現」，這也是真的。

想要突然改變自己的聲音特質很難，但「發聲方法」只須要注意就能立刻改變。能夠自然地加上情緒之後，說話方式一定會更上一層樓。說話時的吸引力與魄力也會突飛猛進。

擅長簡報的人，會在節奏、聲音高低和語調上製造變化。

5 令人產生共鳴的敘事

擅長簡報的人，會在語尾加上「　　」營造共鳴。

不論是什麼電影，一定會有主角。編導會製作出讓觀眾能夠與主角內心的掙扎與決定、失敗與成功產生共鳴的故事。

其實，在簡報中分享讓聽眾產生共鳴的故事時，也需要主角。這個主角並不是你。簡報的主角是「對方」，也就是聽你簡報的人。以聽眾為主角來發展故事，是簡報能夠獲得共鳴的一大關鍵。

這可能不是一個很好的說明，但在簡報時，請想像你準備了某種設定，接著把聽眾拉進這個設定裡。如此一來，對方就會對你的簡報產生共鳴。

說到簡報界的傳奇，就是藉由電視購物節目廣為人知的 Japanet TAKATA 了。他們用遠距銷售的方式販賣產品，總公司位於長崎縣佐世保市，一年的營業額高達兩千億日圓。

他們的說話方式真的非常優秀。

例如銷售平板時，因為看節目的多半是銀髮族，因此銷售員完全不會詳細介紹平板的功能。節目製作方會先準備一個設定，例如：

「如果冰箱裡放了很多馬鈴薯，你會煩惱該怎麼料理才好，對吧？」

「這時就是平板的登場時機，只要按下聲音按鈕再說出『馬鈴薯食譜』，就可以找到很多食譜。」

介紹空氣清淨機時，他們會說：

「最近，你的鼻子是不是癢癢的呢？」

「PM2．5真的很令人在意，對吧？」

先準備一個能引發共鳴的設定，再把觀眾拉進來。

我小時候常常觀看Japanet TAKATA的節目，即使是完全不需要的園藝剪刀，看著看著都會漸漸產生興趣，真的很不可思議。

因Youtube大學而廣為人知的中田敦彥先生，在介紹我的著作《一流、二流、三流的說話術》（暫譯。雑談の一流、二流、三流，明日香出版社）時，開頭的一段話也很讓人印象深刻。

「說到溝通，這對各位來說都很重要，對吧？」
「我沒有溝通能力，我有溝通障礙……很多人都有這種想法，對吧？」
「溝通能力的關鍵就在於閒聊，說到這裡，你會覺得閒聊也需要能力嗎，對吧？這其實很有趣。」

當他說到「對吧？」時，即使是以前對於溝通沒想得這麼深入的人，也會開始覺得「這麼一說好像是這樣」而開始想像。我把這個效應稱為「**對吧法則**」。

擅長銷售商品的人，在簡報時不會說出「這樣做吧」「那樣做吧」等指示或命令。而是建立設定，把對方拉進來，一起並肩前行，風格友善而親切。

以下三個步驟可以幫助各位打造一個在簡報中獲得共鳴的故事。

①把對方設定成主角
②讓對方想像一個遭遇困難的情境
③和對方一起解決問題

你的故事愈有戲劇性，聽眾就愈會燃起熱情。

簡報或許總會讓人有單方面提出提案，設法讓對方購買產品的印象，其實你不須要這麼想。因為，**簡報事實上是一種和對方並肩同行的行動**。

高明的簡報達人都知道這一點，因此會從一開始就營造共鳴，博取聽眾的好感。能讓聽的人不是「被迫採取行動」，而是「自然地想要行動」，這才是真正的簡報。

擅長簡報的人，會在語尾加上「對吧？」營造共鳴。

6 用金句讓人留下印象

擅長簡報的人，會先決定好令人留下印象的［　］。

你是不是也會「一直都記得某首歌的某一段」呢？

金句的英文叫 punch line，指的就是在樂曲中令人印象深刻，或是造成衝擊的片段或詞句。

我在做不出成果時，總會想起 SMAP 那首〈世界唯一的花〉的副歌。相信你也有這樣的經驗，在聽到某一段歌曲時，總會想起失戀時的記憶，或是跟朋友的快樂回憶。

這些藝人真的很厲害，不論經過幾年，還是能夠把這些片段留在我們的腦海中。

接著，讓我們回到主題。

在簡報中，如果能在對方心裡留下金句就好了。**也就是令人印象深刻、造成衝擊，會一直記得的片段或詞句。**

即使當場並沒有成功簽約，只要對方一直記得你的簡報內容，日後還是有可能會簽約。即使對方沒有跟你簽約，也有可能幫你介紹別的客戶。

在對方腦中留下金句的方法，其實非常簡單。只須要深入思考**「如果要在對方腦中留下一個單字，你想留下什麼？」**就夠了。

口才愈好的人，愈容易一次說太多內容，對方反而什麼都不記得。例如：

「我是稅理士，從會計處理到資金調度都能一次完成，員工的保險也都可以交給我。對了，我也有負責員工教育……」

這樣聽起來你似乎能做很多事，但最後對方並不會記得你的專長到底是什麼。

「本公司在創業時是以網路廣告為主，十年前轉型為製作公司，現在是飾品配件製造商。」

有些業務會用這種方式介紹自己的公司，讓人覺得「最前面的幾句根本不用講」。這種介紹方法，會讓人不知道你的提案到底是什麼。

面試也算是一種簡報。

首先，你要先決定「在面試官的記憶中留下什麼單字」。必須思考，你希望對方認為你是什麼樣的人。

每個人的特質不同，可能是「很會突破困境」「很能忍耐」「開朗」「討人喜歡」「親切」「忠實」等等，總之，枯燥無味又沒有任何專長的人，最無法留在別人的記憶中。

沒有專長的人，不是沒有建立起自己的特色，而是一開始就沒有設定好。

有人曾經來找我商量，說他即將第一次跟某人約會。約會也是一種對人簡報自己的機會。你希望約會結束後，在對方心裡留下什麼樣的單字呢？

請先決定你想讓對方心中留下的是「溫柔」「讓人安心」「快樂」或是「有趣」。這裡的選擇方法請參考第二章的「聽過就不會忘記的標語」。

把想讓對方記住的內容限縮在一個單字，對方就比較容易注意到。例如，當別人對你說：「那間甜點店的提拉米蘇、蛋糕捲、布丁、法式千層酥、馬卡龍都是招牌。」你會因為聽到太多內容，反而無法記得。

如果對方介紹時說的是：「大家都說那間甜點店是提拉米蘇之王。」你就比較容易留下印象。或許真的所有甜點都很好吃，但是只強調提拉米蘇，更容易打中對方的心。

先決定「你在對方心中想留下的唯一一個單字」，接著用盡全力表達。使用這種方式後，你的簡報讓人留下記憶的方式就會大不相同。

擅長簡報的人，
會先決定好令人留下印象的單字。

7 讓你看起來更有自信的訣竅

擅長簡報的人，會打造很有自信的□、視線、表情。

從前我以為，這個世界上只分成「有自信的人」和「沒自信的人」兩種類型。

不過，當我看過許多簡報，才發現還有一種不同的類型，就是「其實沒有自信，看起來卻很有自信的人」。

我曾經訪問過一些能在眾人面前侃侃而談的人，詢問他們：「為什麼說話時能夠這麼落落大方？」

令人驚訝的是，我發現許多人都回答：

「其實我剛剛非常緊張。」

「我流了超多手汗，只是看不出來而已。」

「我的腳到現在都還在抖。」

他們告訴我，因為膽子很小所以會做很多事前準備。但就算是這樣，還是沒有自信，所以還學習了讓自己看起來很有自信的方法。

所以，雖然沒有自信但是看起來很有自信。

或許有些人認為「沒有自信這件事，只能用沒有自信的模樣說出來」，不過事實上，**告訴別人你沒有自信，跟用沒有自信的模樣說話，完全就是不同的兩件事。**既然都要說話了，當然是能夠用有自信的樣子來說更好。

了解這一點之後，我們就會看到實際上能努力的方向。

① 看起來很有自信的姿勢

說話時沒有自信的人，會駝著背，肩膀內旋。

肩膀內旋就是一般常說的「圓肩」，文書作業做太多，肩膀會漸漸往內靠，須要多注意。修正姿勢，把肩膀向外挺，就能一口氣改善姿勢。

②看起來很有自信的視線

說話時沒有自信的人，會一直看著下方。感覺像是盯著手邊的資料說話。

看起來有自信的人，視線範圍會比較廣，具體來說是**「Z型視線」**。視線先從後方的左邊看到右邊，再從前方的左邊看到右邊，接著回到後方，再次由左到右，就像是用視線寫一個Z一樣。只要用這個方法看著整個場地，就能給人說話大方優雅的印象。

③看起來很有自信的表情

沒有自信的人，眉毛前端會向下，臉頰的肌肉下垂，口角也是下垂的。

有自信的表情，則是臉部整體都向上提。

據說臉部的肌肉多達三十種以上，我們無法意識到每一條肌肉，因此，在簡報時只要注意嘴巴的開闔方法就夠了。

嘴巴大大張開時，表情就會自然向上拉提。以嘴巴大而聞名的藝人有筱原涼子、吉田美和、香取慎吾，他們都給人精神飽滿的印象。請在最少露出六顆牙齒的狀態下發表談話。

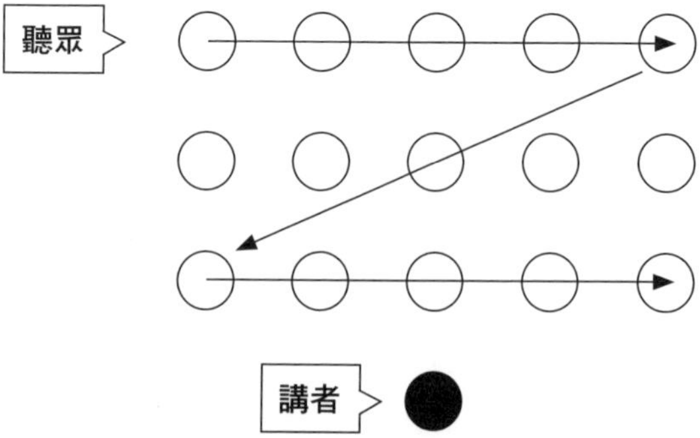

以上介紹的是三個讓你看起來有自信的技巧。

就算沒有自信，也請把這當作實驗，試著用看似很有自信的模樣說話。據說，人類的細胞九十天就會進行一次更新，只要持續三個月表現出很有自信的樣子，或許真的就會產生自信。

擅長簡報的人，會打造很有自信的「姿勢」、視線、表情。

第五章總結

1 擅長簡報的人，比起簡報內容更著重於思考**目的**。

2 擅長簡報的人，會用「主題↓**好機會**↓危機↓**逆轉**」的順序說故事。

3 擅長簡報的人，會確認對方的**期待**，然後提案並比較討論。

4 擅長簡報的人，會在節奏、聲音高低和**語調**上製造變化。

5 擅長簡報的人，會在語尾加上「**對吧？**」營造共鳴。

6 擅長簡報的人，會先決定好令人留下印象的**單字**。

7 擅長簡報的人，會打造很有自信的**姿勢**、視線、表情。

第六章

不尷尬的「表達方法」

1　和意見不同的人巧妙談話

不會尷尬的人，
會在【　　】對方的同時主張自己的意見。

這是我的親身經驗。

我在企業工作時，別的部門有一個我真的很討厭的人。我跟那個人無論是什麼事情都完全意見不合，有時我們甚至會爭執到必須有人介入勸架。我跟他的關係差到只要看到彼此的臉，就會想要反駁對方。

我覺得「這樣真的不好」，因此決定以後要好好聽對方說話。

在開會時，我完全不插嘴打斷他，他說話時我總是一直點頭。結果，我反而累積了更多的壓力，整個人都快要抓狂，接著，我跟他又開始吵起架來……

後來，他離開了公司，我們就此分道揚鑣。

現在回想起來，當時的我真的很不成熟，只會把自己想說的話丟出去，溝通技巧非常有限。

主辦了各式各樣的研習會之後，我發現每個人的溝通方式都不一樣。

大致上可以分成以下四種：

①攻擊型：自己不會受傷，對方會受傷

這種人不管對方會有什麼感受，總是直接說出自己想說的話。

這樣的溝通方式，會把自己的憤怒朝向對方，企圖打敗對方。當時的我就完全是這個類型。

②沉默型：自己會受傷，對方不會受傷

這個類型和攻擊型完全相反，保持沉默，什麼都不說。

即使心中有想說的話，也會一直忍耐。雖然對方不會受傷，自己卻會遍體鱗傷。很多人都是因為這個溝通方式而感到痛苦。

③諷刺、背後說壞話型：自己跟對方都會受傷

這種類型可以說是被動式的攻擊，小聲說一句諷刺人的話，或是故意嘆氣給對方聽，在對方不在場時說壞話，甚至散布謠言。雖然不是積極的攻擊，卻會在小地方以消極的方式攻擊對方。

被這種類型的人攻擊，感覺很不好，不過其實這樣攻擊對方的人自己也不好受。說完壞話之後，心裡總是會有煩躁、悶悶不樂的情緒。

聽到這些話的人也會覺得不舒服，甚至有些人會就此遠離。

結果，對方跟自己都會因此而受傷。

④自信型：自己跟對方都不會受傷

當年的我，缺少的就是第四種方式。

說到自信似乎會讓人覺得很難理解，但換句話說，它其實就是在「尊重」對方的同時，主張自己的意見。這是最好的溝通方式。

好好為對方想，然後精準地說出自己想說的話。這是建立良好人際關係最重要的一點。

在研習中，常常會提到「自信型溝通」這個詞。

人類只要意見一致就不會發生爭執，只有意見不同時才會爭執。

每個人的思考方式都不一樣，意見不同是很正常的，但這時如果不使用自信型溝通，就會演變成一場激烈的戰鬥。

那麼，具體來說要怎麼說話才好呢？

我會在下一個小節詳細解說。

不會尷尬的人，會在尊重對方的同時主張自己的意見。

2 堅持己見而不惹對方生氣

不會尷尬的人，會□傳達自信元素。

前一個小節提到，彼此的意見相同時，就不會發生爭執。問題在於意見不同時，也就是雙方主張對立的時候。

舉例來說，「我支持方案A，但對方覺得方案B比較好」等意見不同的時候，或是當你感到遲疑「如果說出來，可能對方聽了會不高興」「如果拜託對方做這件事，可能對方會討厭我」的狀況。

接下來，我要解說自信型溝通的具體對話流程。

之前說到「自信型的溝通者會在尊重對方的同時主張自己的意見」，不過，雖然說要尊重對方，但一般人總是會先想到自己想要說的話。因此，我們不要違背這個流程，首先要從你自己的主張開始思考。

以下就是不惹怒對方，又能讓對方接受你的主張的溝通步驟：

步驟①：思考你的主張
步驟②：思考尊重對方的說法
步驟③：以②→①的順序和對方溝通

步驟①：思考你的主張（以下是例子）
「這一期的預算比較吃緊，我希望能採用成本較低的方案 A」
「會議結束後，希望大家能先整理好椅子，再離開會議室」
「希望能在下週一之前整理好會議紀錄」
「希望你在發表時，可以不要說『欸～』這個口頭禪」
「希望大家在明天前提出五個點子」

步驟②：思考尊重對方的說法（以下是例子）
- 〔承認〕「方案 B 確實很創新，是以前沒有出現過的點子，很有趣」
- 〔感謝〕「謝謝你一直幫忙會議的事前準備」

・〔道歉〕「真的很抱歉在你這麼忙的時候打擾你」
・〔改良〕「你說的內容真的很棒，為了讓它更完美，我可以提出一點建議嗎？」
・〔填補〕「這次不需要太高的品質」

步驟③：以②→①的順序和對方溝通

單純和對方說「我想用方案A」，

和先承認「方案B確實很創新，是以前沒有出現過的點子，很有趣」，

再告訴對方「這一期的預算比較吃緊，我希望能採用成本較低的方案A」，

這兩者比起來，給人的印象是完全不同的。

與其突然指責對方「希望你在發表時，可以不要說『欸～』這個口頭禪」，先說「你說的內容真的很棒，為了讓它更完美，我可以提出一點建議嗎？」對方會比較容易接受。

突然要求對方「希望大家在明天前提出五個點子」，可能會因為太過突兀而嚇到人，當你先說出「這次不需要太高的品質」，對方會比較容易接受你的要求。

「承認」「感謝」「道歉」「改良」「填補」是尊重對方的五個元素，先把它傳達出去，考**量對方的意見、狀態與情緒之後，再提出你的主張**。這就是尊重對方的對話方法。

前面提了很多自信型的溝通方式，其實，我想表達的只有這一點。想要對方接受你的主張，你必須先尊重對方的立場。這就是「在尊重對方的同時主張自己的意見」的基礎原則。

不會尷尬的人，會先傳達自信元素。

3 如何明確說出難以啟齒的內容

不會尷尬的人，會徹底「　　」對方的意見」。

要說出難以啟齒的話，是有訣竅的。

舉個例子，假設你的主管對你發號施令說：「現在是電話行銷的時代，快打電話跟客戶約見面！」當然，不同的產業可能還在用這種方式，但現在許多人都採用遠距工作方式在家上班，就算打電話到對方公司去，也常常遇到承辦人不在的情況，一直打電話只會徒增對方的困擾。

因此，應該有人心裡會想：「與其打電話，用郵件或聯絡表單一次傳輸訊息給眾多客戶不是比較快嗎？」不過，如果直接跟主管說，可能會惹主管生氣。

在很多狀況下，即使是難以啟齒的事，也必須明白說出來。這時，該怎麼說才不會尷尬呢？

在這種時候，也可以利用自信型溝通方式。

以下我將介紹兩個把難以啟齒的事情明確說出口的訣竅。

① 否定三明治

如果直接說出「部長，現在還在電話行銷是落伍了」大概會引發爭執，因為你不僅否定了對方的意見，對方也會感覺到自己被否定了。

這時，要用肯定的意見包裹你的否定。

肯定：「部長，我也很想積極跟客戶約見面。」
否定：「不過，最近在家上班的人很多，我覺得用電話以外的方式會比較好。」
肯定：「要不要在客戶的聯絡表單留言呢？這樣可以接觸到的客戶也會多很多。」

像這樣用**「肯定↓否定↓肯定」的順序表達意見**，聽起來是不是就溫和許多了呢？像做漢堡一樣，用麵包把漢堡肉夾在中間，肯定的話語具有緩衝效果，可以降低你對對方造成的傷害。

想指出對方錯誤時，前後也要用肯定意見包起來。

（╳）「有一分昨天就該交的資料，現在還沒收到，請問什麼時候才會交？」
（○）「謝謝您一直以來的協助，有一件昨天就該交的資料，請問目前進度如何？若您需要協助，請告訴我。」

② **徹底考量對方的意見**

在日常生活中，我們會有很多跟別人意見不合的地方。因為大家的成長環境、過去的經歷與價值觀都不相同，彼此不一樣是很理所當然的。正因為每個人都不一樣，才會激發出新的創意，並在不同地方截長補短，加深彼此的情感連結。

然而，**不考量對方意見的人，總是會很快說出「不是這樣」「不是」「你錯了」，打斷對方的意見**，讓氣氛一下子變得劍拔弩張。

能夠考量對方意見的人，會這樣說話：

「我**了解**你說的話了，但我的感受是這樣」

「我**考慮**了你的意見，但我還是要說，我的想法是這樣」

「我會將你的想法**銘記於心**，而我是這麼想的」

「理解」「考慮」「銘記於心」，這些全部都是考量對方意見的詞語。我們必須在說了這些之後，再主張自己的意見。徹底考量對方的意見，就能把傷害對方的機率降到最低。因為對方會感覺你接納了他。

能夠仔細注意細微的用詞選擇和表達方式能讓對方感到安心，進而建立優質的溝通。

不會尷尬的人，會徹底「考量對方的意見」。

4 面對話不投機的人時使用的論點整理法

不會尷尬的人，會詢問直搗核心的 ［　］。

你是否也曾經在討論議題時，覺得「彼此討論的重點對不起來」「對方好像在強迫我接受他的意見」「乍聽之下好像是對的，可是我無法理解」呢？也許是因為對方很會說話，用盡各種方法試圖說服你。這時，如果你也唇槍舌劍一番，就無法有優質的討論。

請先了解當對方所說的話聽起來很有道理時，他可能使用的技巧。

以下三種都是相當有名的話術。

① 過度一般化

「他上次犯過錯，這次不能再交給他做了。」

上次犯的錯，也許只是偶然，可能只是當時發生了什麼特殊情況，因此無法斷言「不能再交給他做」。

將單一案例說成一般情況，就是這個話術的重點。

② **極端扭曲化**

當你提醒說：「業務人員要搭計程車時，必須事前聯絡。」對方回答：「如果不搭計程車，跟客戶開會就會遲到，這樣也沒關係嗎？」

你明明沒有這麼說，對方卻扭曲了你的主張，這就叫扭曲化，也就是轉移論點。

③ **黑白限定化**

「在家工作跟外出上班，當然是在家工作效率比較高」

這是將「在家」跟「外出上班」當成非黑即白二選題的話術。

比起考慮各種可能性，從選項中挑選一個比較不耗腦力。這種話術就是基於這個原理，強迫對方做出選擇。

以上都是心理學所說的「認知偏誤」。因為是偏誤，所以會讓人產生悶悶不樂、不舒服的感受。這時，我們應該做的是整理論點。所謂的論點，就是「真的應該討論的問題」。也就是詢問直搗核心的「問題」。

「他上次犯過錯，這次不能再交給他做了。」

↓「請問他上次為什麼會犯錯？」

在決定不能把任務交給該人之前，應該先找出原因。也許是分配工作的方法有問題，也許是其周圍的支援體制有不足之處。

「如果不搭計程車，跟客戶開會就會遲到，這樣也沒關係嗎？」

↓「不是這樣的，我們可以選擇遵守規定，或是重新審視規定。你要不要跟我一起想想看呢？」

也可以像這樣，把你真正想要思考的事情告訴對方。

「在家工作跟外出上班，當然是在家工作效率比較高。」

↓「是不是應該先定義一下效率？」

用來判斷效率高低的基準改變，結論就會跟著改變。

就像以上範例一樣，可以單純地提出你真正想要討論的問題。

也許有些讀者不知道該討論的問題是什麼，這時，你可以用商量的方式提出問題，例如：

「抱歉，我不知道真正必須解決的問題是什麼，可以從這裡開始討論嗎？」

「不好意思，請問我們的論點是什麼呢？」

如此一來，對方就不會強迫你接受他的主張。

你要做的不是指出對方主張的奇怪之處，也不是評判對方的意見，而是正確地提問。論點經過整理之後，就能找出相同的方向性，成為一場有建設性的討論。

不會尷尬的人，會詢問直搗核心的問題。

5 讓危機變轉機的道歉方式

不會尷尬的人，會以超乎對方□的方式道歉。

這世上有一定數量的人，即使犯了錯也無法道歉，他們即使失誤也不覺得自己不對，或是根本就沒注意到自己犯的錯。

例如延誤了交資料的日期卻不道歉的人、被人指出資料的錯誤也沒有道歉就再次送件的人、沒有事先說明「前一個行程延後，會稍微遲到」就比預定時間晚出席會議的人。我覺得這種人是很可惜的，因為**道歉其實是在對方心中建立好印象的機會**。

為了理解這一點，我們先來看看希望對方道歉的人腦中的想法。

「他犯了錯，希望他能道歉。」

「他犯了錯，害我多花了不必要的時間。」

「如果沒道歉，我看不出來他想要反省。」
「好像會再犯同樣的錯，好可怕。」
「對方沒道歉，總覺得他看不起我。」
就像這樣，摻雜了各種情緒。

在這種情況下，如果犯錯的人沒有說一句「抱歉」，可能會讓對方覺得「連一句抱歉都沒有，是不是根本搞不清楚狀況」，因而感到不安，甚至因為感到「這個人根本沒有在聽人說話」而湧現憤怒。

另一方面，如果犯錯的人有好好道歉，對方聽了又會是什麼感覺呢？當對方能感受到你對於失誤的道歉、對浪費自己時間的歉意、對造成別人擔心的在意，還有下一次的改善誠意，不滿的情緒就會完全消失，**不但不會生氣，甚至還有一種滿足感**。

以進度報告為例應該會比較容易理解。當你詢問對方：「那件事怎麼樣了？」單純只回答「現在是這樣」的人，和想到自己讓你擔心了，能夠在回應時加入一句道歉，回答「那件事我沒有主動回報，很抱歉」的人，哪種會讓你覺得比較舒服呢？

我想，應該是能夠照顧到你心情的後者吧？就如同這個案例所示，道歉甚至能給對方留下好印象。

而且，道歉時能夠超乎對方「想像」的人，好感度會提升更多。

所謂的超乎想像，就是在對方還沒有想要你道歉時，就能顧慮到對方的感受，先行道歉。

舉個簡單的例子，當對方詢問：「這是什麼意思？」要能夠自然地說出：「抱歉我剛剛的說明有點難懂。」

還有，想要詢問對方問題時，能夠顧慮到對方的時間安排，說出：「抱歉占用您的時間，可以問您一個問題嗎？」又或者是晚歸讓伴侶擔心時，不會說「這都是工作沒辦法！」而是告訴伴侶「抱歉讓你擔心了」。

像這樣關心對方，尊重對方的道歉方式，會讓對方產生好感。

我在研習時，總是會在剛開始時說：「抱歉，有一件事我想拜託各位。」先向學員道歉，接著才會告訴他們：「麻煩你們一個一個自我介紹。」

如果突然就說「請按照順序自我介紹」，學員可能會嚇一跳。但當我先道歉，再拜託他們自介，學員就會覺得「原來只是自我介紹而已啊」而鬆了一口氣。因為他們以為我會請他們做更困難的事。

這並不是在要求各位每次都要低頭跟人道歉。

道歉的本質，是你「對對方的顧慮」。一流的人才能夠為了對方而道歉。

當你能夠如此為對方著想，對方就會覺得你是個「大器的人」。

不會尷尬的人，會以超乎對方**想像**的方式道歉。

6 快要吵起來時的應對

不會尷尬的人，比起邏輯，更以對方的＿＿為優先。

有時，按照邏輯說話反而會造成麻煩。例如：

「我忙不過來」→「是不是因為效率太差」

「沒收到你的信」→「我昨天下午三點就寄了，是不是你那裡的設定有問題？」

「那個人的態度真的很討厭」→「在意這些也無濟於事」

或許事實確實是如此，但是這樣回應，可能會引發爭執。令人遺憾的是，你只是為了對方好，才想把正確的事實夠告訴他，但這樣可能反而會傷害對方。

因此，在快要吵起來時，希望你能做到一件事。

就是「emoi（照顧對方的情緒）」。

「emoi」這個詞之所以流行起來，據說是因為常常在媒體曝光的日本學者落合陽一。它的語源來自「emotion」，也就是感情，因此它的意思就是讀取對方的情緒。

在第四章中我們已經看過邏輯的重要性。然而，**快要吵起來時，比起邏輯更要重視情緒，也就是說，我們應該要優先處理對方的情感。**

以剛剛的對話為例，可以這樣回答。

「我忙不過來」→「你現在這麼忙，真辛苦」

「沒收到你的信」→「抱歉讓你擔心了」

「那個人的態度真的很討厭」→「那種態度真的會讓人生氣」

像這樣說出「辛苦」「擔心」「生氣」，就能碰觸到對方的情緒。

人並不是討厭跟自己意見不同的人，而是討厭不了解自己情緒的人。

我們的大腦中，有一個掌管知性的部分叫「大腦新皮質」，但掌控情緒的「大腦邊緣系統」比大腦新皮質更加發達，因此總會以情緒為優先。

也許會有人想問：「我們該如何讀取對方的情緒呢？」

不了解對方的心情時，將對方的感受化為語言說出來，也是一種處理方法。

例如：「抱歉，你生氣了嗎？」「我是不是讓你有點生氣？」「我有讓你感覺討厭嗎？」「感覺你有點悶悶不樂」「剛剛那些話，你是不是不能接受？」「最近你是不是擔心很多事？」

將對方的感受化為言語說出來。

你不知道自己的話語是不是正好切合對方的情緒，但如果不試著說出來，就永遠不會知道。

讓你們不吵架的關鍵，不是意見相同，而是要感受到一樣的情緒。

將對方的情緒化為言語時，你會把注意力放在對方的情緒。如此一來，你就有了能夠想著對方的空間，也就是說，當你擁有俯瞰一切的視角，你的心情也會更加從容。

這時，你們就不容易吵架。人之所以會吵架，是因為我們帶著不想輸的心情跟對方爭鬥。

請一定要將「把對方的情緒化為言語說出來」當成促進優質溝通的選項，試著使用看看。

當你體恤了對方的情緒，你也就成為了一個更有品格的人。

不會尷尬的人，比起邏輯，更以對方的情緒為優先。

7 永遠心情愉快的人是這樣說話的

不會尷尬的人，總是說許多 ____ 的話。

「人要自己取悅自己。」

這是搞笑藝人宮園大耕在日本電視台《24小時電視「愛心救地球」》節目擔任慈善跑者時說的一句話。

在同一個電視台的節目《阿Q冒險中》，爬山爬到上氣喘不過下氣時，他也說：

「人要自己取悅自己，不要讓別人來取悅你。」

許多人認為這是一句至理名言，在社群網站上也引發了話題。

人往往會因為想要獲得認可而過度表現自己，或是表現出憤怒，讓周遭的人體恤你的情緒，讓其他人來取悅你。但宮園大耕不一樣，他說人應該要自己取悅自己。

這個想法非常棒，深深打動了我。

不須要對別人表現，只要貫徹自己相信的理念就好。生氣也不須要別人安撫，改變自己的想法和行動，情緒就能跟著轉變。

這個世界上，有些人總是心情愉快。事實上，並不是只有他們身上永遠都會發生令人開心的好事，他們也會遇到讓人生氣、很討厭的事。

那麼，為何他們總是可以保持好心情呢？

這一定是因為他們的**日常生活中充滿了「感謝」的話語**。例如「見到你真開心」「很高興今天也能跟你一起工作」「今天能跟你一起吃飯真好」。

不論時間多早，都會精力充沛說「早安」的人，也會感謝別人，告訴對方「今天也能跟你一起工作真開心」。所以，他們總是心情愉快。

情緒管理的源頭是「感謝」，這就是我的答案。

不過，這真的很難做到。

人總是會「想要這個」「那個不夠」，在意自己不足的東西，卻不在意自己已經足夠的事物。絕大部分的人不會在早上起床喝水時覺得「今天也能喝到水真是超級幸福」。充足會讓我們忘了感謝。

要發現自己應該感謝，必須採取讓你意識到感謝的行動。

舉例來說，日本人在吃飯前會雙手合十。這個合十的動作就會讓人想起感謝。我有一個朋友，每天早上都會在陽台上對天鞠躬，他說，這可以讓他用感謝的心情開始一天。

除此之外，**感謝也要說出來。**

「謝謝你從早上就開始準備這場會議。」

「謝謝你今天去談這個案子。」

如果對方讓你先搭電梯，不要說「不好意思」，試著說「謝謝你」。

感謝原本就不是一種要去做的事，而是一種感受。

為了讓自己感覺到它，就要刻意採取行動，然後說出口。如此一來，就能發現以前沒有察覺到的幸福。

當習以為常的基準改變，人的視角就會跟著改變，也會發現自己從前並沒有好好感謝應該感謝的事。

人要自己取悅自己，反過來說也就是不要給別人添麻煩。改善人際關係的訣竅只有一個，就是「為別人著想」。

不會尷尬的人，總是說許多感謝的話。

第六章總結

1 不會尷尬的人，會在**尊重**對方的同時主張自己的意見。

2 不會尷尬的人，會**先**傳達自信元素。

3 不會尷尬的人，會徹底「**考量**對方的意見」。

4 不會尷尬的人，會詢問直搗核心的**問題**。

5 不會尷尬的人，會以超乎對方**想像**的方式道歉。

6 不會尷尬的人，比起邏輯，更以對方的**情緒**為優先。

7 不會尷尬的人，總是說許多**感謝**的話。

第七章

創造良好關係的「公司內談話」

1 提高好感度且不樹敵的訣竅

能建立良好關係的人，不會否定對方，而是＿＿＿對方。

每年，日本都會公布一分演藝人士的好感度排行榜。名列前茅的人每年都錄四、五百個電視節目，是各個節目都想爭取的當紅藝人。

不論是相親還是聯誼，好感度高的人都能獲得較高的人氣，在職場上，好感度高的人，光是待在那裡，就能讓人心變暖。

不過，「好感度」其實意外的是十分費事且麻煩的東西。因為，每個人對於好感度的感受都不一樣。

有人對笑起來很好看的人有好感；有人喜歡個性比較冷淡、打扮時髦的人；有些人對討人喜歡、跟每個人都能好好說話的人有好感；也有人覺得這樣的人「好像雙面人」。好感的感覺方式並沒有正確答案。

不過，**要讓好感度下降卻有正確答案，那就是否定對方**。看看人們的需求結構，就能充分理解這一點。

說到需求，最有名的就是馬斯洛需求層次理論（五層金字塔）。馬斯洛是一九〇八年出生在紐約的心理學家，被譽為人類心理學之父。

在此大致說明一下馬斯洛需求層次理論，大意是人會按照以下五個階段滿足自己的需求。

第一階段：生理需求（希望滿足食欲、睡眠欲等生存所需）
第二階段：安全需求（希望安心、安全地生活）
第三階段：歸屬需求（希望和周遭的人連結）
第四階段：認同需求（希望獲得別人的認同）
第五階段：自我實現需求（想成為理想中的自己）

當然也會有例外，不過，生活在現代的我們，第一到第三階段大致上都已經滿足。擁有食物和睡眠，日本的生活也很安全。基本上，我們也擁有家庭、學校、公司等所屬社群。

尚未獲得滿足的是**第四階段「被認可」「被承認」的需求**。因此走進書店，就能看到架上陳列著許多提高自我肯定感的書籍，在社群網站的熱門關鍵字中也會看到自我肯定感這個詞。

有了這些背景知識後，我們就看得到具體的行動。

絕對不能做的，就是「無視對方」。

無視會導致人際關係崩壞。這不但代表你不認可對方，根本就是把對方的存在歸零。

或許有人覺得自己並沒有無視別人。但這是真的嗎？舉例來說，明明看到了對方卻沒打招呼，明明有聽到卻沒有回應，或是沒有回覆工作上的訊息。即使你完全沒有惡意，對方也會感覺自己似乎被無視了。一定要非常注意這一點。

下一件**「最好不要做的事」是否定對方**。

請不要說「我就說不對了」「不是這樣」「我要說幾次你才懂」等等的否定句。否定是以「不是這樣」來抹煞一件事。聽到否定句的人，會覺得自己好像也被抹煞了。

你**「該做」的是認可對方**。例如：

「○○，早安！」＝稱呼對方的名字，認知對方的存在。

「謝謝你今天也努力去跑業務」＝認同對方的行動。

「好棒！我沒想到還有這種創意！」＝提到對方的想法或價值觀。

「你可以這麼集中精神真的很厲害，有什麼訣竅嗎？」＝對對方的能力有興趣。

有些人可能不知道「該認可對方的哪裡」，就像剛剛的例子一樣，能夠認可對方的人擁有許多切入點，包括對方的存在、行動、想法與價值觀、能力等等。他們只是把這些化為語言如實說出來而已。

能建立良好關係的人，不會否定對方，而是認可對方。

2 如何和八字不合的人對話

能建立良好關係的人，會□。

在職場上，你是否會在腦中覺得有些人就是跟你「八字不合」呢？也許他說的話會讓你生氣，或是會挖苦你，強迫你說別人的壞話等等。每個人或許都有一兩個「八字不合」的對象。

有些人會拚命想改變對方的性格或行動，但這並不是個聰明的方法。**我們連要改變自己的性格都非常困難了，想改變別人的性格更是難上加難。**對方要不要改變，決定權完全在對方手上。我們能改變的，只有自己的行動。

如果你所處的環境不須要跟八字不合的人接觸，那就罷了。但在職場或社群中，有時就是無法逃離這些人。

我希望各位能夠徹底學會如何應對八字不合的人，藉此減輕多餘的壓力。

從結論開始說，對八字不合的人，請「先下手為強」。先下手為強的意思是，請第一個就找對方說話。

打招呼就是一個很有代表性的例子。請試著先和八字不合的人打招呼。如果你不擅長跟對方打招呼，也可以點點頭就好，或是目光交會時微笑一下也可以。打完招呼後即使什麼都不說也沒關係，總之，請先採取行動。

這麼做有以下兩個理由。

①曝光效應

曝光效應指的是反覆接觸一個對象，就能提高你對該對象好感度的心理現象。

我們會在不知不覺中買下在廣告中看了很多次的商品，聽到聽過很多次的歌曲，心中也會湧出熟悉感。比起第一次見到的店員，也會比較容易去和已經見過很多次的店員點餐。

即使只是單純的打招呼，只要曝光次數增加，對方對你的好感度也會升高。如此一來，就不太會做出對你有害的事。

②馴化

馴化就是「解除警戒心」。當八字不合的人正面走來，若你不假思索就走另一條路避開，就無法解除你對對方的警戒心。不過，就算只是打招呼，只要每天都實行，就能解除你的警戒。有些人雖然小時候被狗咬過，從此很怕狗，長大之後卻養了狗，就是因為他們解除了對狗的戒心。

先從打招呼開始，稍微習慣之後，打完招呼再加上一句「今天也請多關照」，更適應之後，再多說一句「前幾天謝謝你」。就像不會游泳的人在臉盆裡放水，把臉泡進去慢慢習慣水一樣，你先跟對方打招呼，就能一點一點解除你對對方的警戒。

如果碰到「只有打招呼還可以，但還必須要對話」時，又該怎麼辦呢？舉例說，對方可能會對你說些挖苦、私下的壞話或是八卦，這時，最有效的方式就是「讓對方碰軟釘子」。例如：

「〇〇真的好閒喔」→「可能吧？」

「我沒想到他會 A 錢」→「我不清楚」

「那邊的人好像全部都辭職了」→「是這樣嗎？」

像這樣直接帶過話題就好。在壓力管理的領域，這種方法稱為「忽視的技巧」。當你和對方站在同一個賽場上，對方就會愈來愈熱情澎湃，因此，你一開始就要表現出不戰鬥的姿態。

就算換了職場或搬家，也一定會遇到八字不合的人。既然如此，就從現在開始做個了斷。請試著鼓起勇氣，嘗試先跟對方打招呼。這是你前進的一小步，也會成為讓你改頭換面的關鍵。

能建立良好關係的人，會「先下手為強」。

3 這樣做讓你更受歡迎

能建立良好關係的人，會配合當下的情境承擔□。

冒昧問一個問題，請問你平常扮演的角色是什麼呢？個性開朗？認真古板？很健談？都在聽人說話？能跟身邊的人進行協調？還是獨行俠呢？答案應該是……「都是」吧。

舉例來說，在家沉默寡言的爸爸，工作時卻是話很多的業務員；很會在別人面前公開談話的人，私底下跟人說話時卻很擅長傾聽；開會時幹練主持會議的人，聚餐時卻是被大家取笑的角色；在外開朗陽光的人，在家裡卻很陰沉。每個人都有扮演某種角色的傾向，實際上擁有各種不同的面向。

按照不同的情境切換角色，是很健全的現象。

除此之外，**還有對應情境的「任務」。能夠達成任務的人，就能博得眾人的喜愛。**

總是會受邀參加聚會的，不是「開朗的人」或「有趣的人」，而是拚命完成任務，讓聚會更開心熱鬧的人。

當氣氛冷卻，他最會提供話題；說話的人比較多時，他就扮演聆聽者的角色；有人很想說話時，他會適時地問問題。像這樣能夠自由改變風格，完成當下必要任務的人，就是最有人氣的萬人迷。

辭典中對「人氣」的解釋是，「一個人在團體中成為好感與關注的目標」。

能夠獲得好感與關注的，是給大家帶來喜悅的人。因為這個人會帶來快樂，你才會注意他。

如果所有人的角色都很類似，例如大家都很健談，就會像玩大風吹一樣彼此爭奪位子，氣氛也會變差。不過，如果你願意坐在沒有人的地方，場面就會達到平衡，周遭的人也會開心。因此，不論是參加商務會談還是會議，我都會調整自己扮演的角色。

我曾經在遇到很健談的客戶時，整整一小時都在專心聆聽。如果會議上沒有人發言，我就會比任何人都努力發言。我會努力搞笑，然後冷場。但我不會在意，因為我有在這個場合應該完成的任務。

我把這個理論稱為「任務論」。

相信很多讀者都聽過聖德太子創立的《十七條憲法》。它的第一條就是「以和為貴」。彼此尊重，相互討論，才能達到「和」，這是一千四百年前就出現的理論。從這個出發點來看，最惹人厭的就是擾亂和平的人，而最能獲得人氣的就是促進和平的人。

現在的我是一個經營公司的老闆，老闆有老闆的任務，員工有員工的任務。並沒有老闆就比較大的道理，老闆跟員工只是任務不同。

只要有人，有場合，就一定會有任務。

職場的人＋職場＝你的任務是？
家人　　＋家　＝你的任務是？
朋友　　＋社團＝你的任務是？

如果你不知道自己的角色是什麼，請試著觀察你的周遭。你身邊的人一定有需要某種角色。

請記得「人＋場合＝任務」這條公式。

大膽嘗試轉換自己的角色，就是能把塵世生活過得更好的祕訣。

能建立良好關係的人，
會配合當下的情境承擔**任務**。

4 這類人總是有貴人相助

能建立良好關係的人，是能說出「　　」的人。

在這個世界上，有「總是受到身邊的人幫助的人」，也有「總是一個人埋頭苦幹的人」。

努力並不是壞事，不過，一個人能做到的程度有限。總是獨自埋頭苦幹，身心的疲勞總有一天會到達頂點，燃燒殆盡，甚至無法再適應這個社會。這種情況稱為「工作倦怠症候群」。

因此，**讓身邊的人幫助你，也是一種營造舒適職場空間的技術**。

不過，我們雖然會學習「支援別人的方法」，卻幾乎沒有學過如何接受別人的支援。請務必藉著這次機會，學習如何讓身邊的人幫助你。

想讓別人幫助你時，有以下三個步驟。

步驟① 釐清你需要幫助的事情

「你在現在的職場，希望別人幫你做什麼？」

請先回答這個問題。如果你現在焦頭爛額，必須先釐清是什麼讓你焦頭爛額。

例如「沒時間」「要做的事情太多了」「不擅長某些業務」「不知道該怎麼做」「總覺得有點不安」……等等。即使不太明確也無所謂，請先把這些令你焦頭爛額的原因寫在筆記本上。

步驟② 說出希望別人幫助你做的事

必須實際說出口，否則身邊的人不會知道。

或許你會覺得「要是我說得出口，就不會像現在這麼累了」，不過，我在這裡要介紹一個很有趣的問卷。這是婚友社「O-net」在二〇二〇年針對四百九十五名男性與四百八十二名女性做的調查。

Q：最討厭異性要求你幫什麼忙？

第一名：商量跟金錢相關的事（46．0％）

第二名：花費勞力的事（28．8％）

第三名：商量跟生活相關的沉重話題（20．1％）

跟前三名相較之下，「與工作相關的提問與請託」只排在第七名，占11．7%。也就是說，十個人裡面只有一個人不想被要求幫這種忙。反過來說，十個人裡面有九個人不討厭幫這種忙。而且在這分調查中，「跟自己擅長領域有關的商量和請託」只排在第十名，占6．2%，比第七名更低。

其實別人根本不討厭你拜託他幫忙。也就是說，你拜託別人支援時，應該不太會被拒絕。

步驟③ 提前宣告你需要幫忙的時機

最好在你說出「請幫幫我」之前，就有人能來幫你。因此，你可以先告訴別人你在哪些時候會需要幫助。例如：

「我連續加班超過幾天，身體狀況就會變差。」

「手上同時有三件工作在進行，我會容易恐慌。」

「我不擅長這種工作，如果有人能在事前仔細說明，對我來說很有幫助。」

像這樣自己先說出希望別人支援的工作、時間點。如此一來，在你陷入焦頭爛額之前，就能得到幫助。

你身邊的人並不是不想幫助你，而是不知道該幫你做哪些事。**不知為何總是能獲得幫助的**

人，都有一個很簡單的特徵，就是能說出「幫幫我」。

你在平常生活中應該也幫助過別人。你幫助的或許是主管，或許是職場的後輩或客戶。我們每個人都幫助過別人，同時也受過別人幫助。別人幫你時，你才會有能夠幫助別人的餘裕。這種互助的精神，就是建立豐盛人際關係的基礎。

能建立良好關係的人，是能說出「幫幫我」的人。

5 理解對方的感受

能建立良好關係的人，會跟對方□情緒。

聽對方說話時，最重要的是要分享情緒。

我經營的學校聘請了許多心理諮商師。諮商師會學習佛洛伊德、榮格、羅傑斯等人提出的世界知名心理療法，但他們學得最精通的是「傾聽」。

傾聽的意思是積極地聽對方說話，使用「耳朵」「眼睛」和「心」來接受對方說的話。

舉例來說，當孩子開心地拿著考卷說：「媽媽妳看！我今天考了八十分！」媽媽聽了之後高興到跳起來說：「好厲害！你好努力！媽媽好開心！」母子兩人的心情會在瞬間達到共鳴。

萬一媽媽說了：「我現在很忙，等等再說。」孩子的情緒也會在一瞬間抽離。情緒的傳達速度是很快的。

假設你看了一部電影，告訴朋友感想時，朋友的回覆是這樣：

「聽起來好有趣喔！我也好想看！」

「太感人了吧，我光是聽你說就覺得感動。」

當對方能夠理解你的情緒，你們之間就會有心連心的溫馨對話。

聽對方說話時，「情緒的交換」很重要。

據說人類的情緒有一、兩百種以上，以下我先舉出五十種表達情緒時會用的詞：開心　暖心

悲傷　不愉快　討厭　快樂　尊敬　憐憫　討厭　困擾　有趣　貼心　寂寞　沮喪　憤怒

笑　憧憬　難過　失望　不甘心　幸福　愛　委靡　慌張　生氣　感謝　喜歡　憂鬱　恐懼

厭煩　感動　平和　辛苦　不安　困惑　亢奮　療癒　低落　擔憂　無聊　雀躍　沉著　揪心

煩惱　熱情　小鹿亂撞　懷念　手足無措　悶悶不樂　暢快

請試著想一個常常說話給你聽的人。

是你的主管、下屬、同事、朋友，或是客戶呢？請你從以上的詞裡挑出三個對方常說的詞。

就像是口頭禪一樣，這些你挑出的詞就是這個人的基礎情緒。

接著，請試著在對話中碰觸這些基礎情緒。

例如，如果對方常使用「開心」「有趣」「感謝」這些詞，你可以說「你一定很開心」「我也希望生活能很有趣」「我也非常感謝」。若對方常說的是「辛苦」「生氣」，那麼你可以說「你一定很辛苦吧」「你很生氣吧」。

要像這樣理解對方的情緒。

並不是一定要說積極的話語，不能說消極的話。你必須先讓對方對你敞開心扉。要鼓勵或引導對方，都必須在你跟對方交換情緒之後。

我過去曾經做過不良示範。以前，下屬問我：「該怎麼做才好呢？」我罵他：「你不會自己想想啊！」這完全是錯誤的回話方式。其實，在「該怎麼做才好呢？」後面，隱藏著「我不知道該怎麼做，我很不安」的情緒。

當我理解這一點之後，就會跟著思考「對了，該怎麼做比較好呢？」令人驚訝的是，下屬開始會主動提案「這樣做好不好？」我想，這是因為我跟下屬共享了一樣的情緒，因此他感到安心，也比較容易開口提出意見。

只是單純知道「理解對方的情緒很重要」並沒有意義。我們必須實際貼近對方的情緒，與對方建立優質關係。

能建立良好關係的人，會跟對方「交換」情緒。

6 這種想法讓人際關係更輕鬆

能建立良好關係的人，會在句首加上「　」，冷靜觀察對方。

我發現了一項令人震驚的調查報告。

根據ＩＳＳＰ（國際社會調查計畫）在二〇一五年的調查，在三十七個調查對象國家中，日本人覺得自己「跟同事關係很好」的比例最低，占六十九．九％。

雖然無法一概而論，但日本的職場人際關係是全球最糟糕的，這讓我大吃一驚。

為什麼職場人際關係會變差？雖然有許多原因，但我認為是因為日本人極度欠缺某種意識。

金子美鈴是一位寫了五百首詩的童謠詩人，借用她的詩句來形容，日本人欠缺了「**大家都不一樣，大家都很棒**」的想法。

職場上有各種不同的人。有動不動就大聲說話的人、似乎總是很忙碌的人、穩重的人、悠哉的人、常常自吹自擂的人、有很多不滿的人、沉默寡言的人、拚命想找到夥伴的人、喜歡孤獨的人等等。這些人不同的價值觀和想法會相互碰撞。

如果你每次都做出反應，或是避開某個人，久而久之人際關係就會惡化。

然而，正是因為大家的價值觀不同，才能催生出許多創意，因為大家都不一樣，才會發現自己的不足之處。如果所有人都一樣，組織就會變得跟金太郎糖*一樣。這樣的組織不會成長，也不會有發展。

正因如此，才要告訴自己「大家都不一樣，大家都很棒」。

如果你能這樣想，對於跟自己不一樣的人、言行舉止會讓你感到煩躁生氣的人，也比較能「保持一段距離」，維持冷靜。

*註：金太郎糖的每個糖粒橫斷面都呈現出金太郎頭像的圖案，此處是指大家全都一樣的意思。

喪失左腦功能的知名腦科學家吉兒・波特・泰勒（Jill Bolte Taylor）博士曾說：

「『憤怒』是神經迴路的扳機。感覺到憤怒時，就會發動這一條神經迴路。不過，一般的憤怒只需要九十秒就會平息。」

這當然有個人差距，不過，要持續生氣九十秒以上也需要很多力氣。因此，**只要稍微冷靜觀察，怒氣應該就會平息**。

那麼，我們該如何才能讓自己冷靜下來觀察呢？

請記住**「原來如此」**法則。

你可能會疑惑這是什麼，但我沒有在開玩笑，這是一個有魔力的詞。

它可以讓你不評斷一個人，只是單純地觀察對方。

「原來部長只要到了月底就會心浮氣躁」

「原來課長的口頭禪是『說明要簡潔一點』」

「原來只要討論到外表，科長就會生氣」

利用這個詞，你就可以靜靜地俯瞰一切。

如果做出的反應是「你為什麼這麼浮躁！」「你這句話說法很爛！」「為什麼要突然發

飆！」就會爆發爭執。

請退一步觀察，告訴自己「原來也有這種人」「原來每個人都不一樣」。不要評斷他們，只要遠遠看著就好。

別人是別人，你是你。有些事情要先有這樣的想法才能看見。

冷靜觀察對方，或許能為你帶來新的價值觀。

能建立良好關係的人，會在句首加上「原來」，冷靜觀察對方。

7 討人喜歡就會有好運氣

能建立良好關係的人，
會藉由[   ]別人帶來好運。

接下來我要告訴你提升運勢的方法。

突然提到運勢，感覺似乎有點可疑。不過，我們其實常常使用跟運勢有關的詞句。「這次很幸運」「我就只有運氣很好」「最近很衰」「這次運氣不太好……」等等。我們也會去神社、佛寺參拜，用手機的APP占卜，常把「運氣」「運勢」掛在嘴邊。

我常有機會和老闆、公司的領導人見面，和一千位以上的經營者談話後，我發現這世上有些人無論做什麼都很順利，也就是所謂的幸運兒。而且，公司和團隊經營得很好的人，都是非常相似的類型。

能夠獲得好運氣的人都有共通點，就是把每件事都當成自己的事，且總是敬重別人。

他們在發生問題時，會設定問題出在自己身上，經常內省「我有哪裡做不好」「有哪些事情是我能做的」。

而且，他們並不是以唯心主義的立場看待這些事。

舉例來說，假設公司的門口地上有垃圾。認為這件事跟自己無關的人就不會去撿；把這件事當成自己的事的人就一定會把垃圾撿起來。

當公司內部死氣沉沉，有些人會覺得「對我來說無所謂」，什麼都不會做，也有人會思考「我能做些什麼？」積極且精力充沛地向別人打招呼。

後者會把所有事情都當成自己的事，這種人就會有好運氣。因為，當周遭的人看到他這麼努力，就會想要幫助他。

「運」有運動的意思，也就是移動。所以，行動才會帶來好運。

坐在暖桌裡一邊吃橘子一邊說「我好想中樂透～」是不會等來財運的，想要中樂透，就必須先有買樂透的行動。

擁有幸運的人，其實是做了會帶來幸運的行動。

另外，成功的人總是很敬重別人。我從來沒有見過哪個成功的人在被問到「為什麼會成功」時，回答「因為我很努力」的。

運氣好的人，會自然地回答：「我很幸運，遇到了很棒的夥伴」「我運氣好，得到了這樣的機會」「得到這個天賜良機，我真的很好運」。在這些回答中，全都隱藏著「托別人的福」的意涵。

他們回答的不是「自己很厲害」，因為他們敬重別人，所以自然就會說出這樣的答案。這種人，會讓別人忍不住想幫他的忙。

幸運雖然是眼睛看不到的東西，有些行動卻能促使好運發生。這些行動也會反映折射，讓幸運的好事更加成功。

有些人不論怎麼聲稱「我很幸運」「我運氣很好」，卻始終沒有好運。因為好運的重點並不是話語。

發生問題時，問問自己的內心「我能做些什麼？」成功時，對外表示「這都是大家的功勞」，這種姿態就是召喚幸運的基礎。

能夠得到周遭人們的信賴與幫助，激起眾人熱情的，就是這樣的人。

能建立良好關係的人，
會藉由**敬重**別人帶來好運。

第七章總結

1. 能建立良好關係的人，不會否定對方，而是**認可**對方。
2. 能建立良好關係的人，會**先下手為強**。
3. 能建立良好關係的人，會配合當下的情境承擔**任務**。
4. 能建立良好關係的人，是能說出「**幫幫我**」的人。
5. 能建立良好關係的人，會跟對方**交換**情緒。
6. 能建立良好關係的人，會在句首加上「**原來**」，冷靜觀察對方。
7. 能建立良好關係的人，會藉由**敬重**別人帶來好運。

第八章

提高幹勁的「說話方式」

1 製造狂熱的說話方式

能提高幹勁的人，會說出自己　　並入迷的過程。

「想創造出狂熱，你自己要先陷入狂熱。」

這是在談論狂熱時常有人說的論點。想要讓周遭的人對一件事瘋狂，你必須是所有人裡面最瘋狂的一個。

一個生氣勃勃的專案，領導者自己就要對專案充滿狂熱。商品大賣特賣時，製作者就是付出心血最多的人。正因為本人投注了熱情，才會引發周遭的狂熱。

在對別人傳達訊息時，即使你很緊張，說話會吃螺絲，身上一直冒汗，這些都不是問題。只要你「使盡全力表達」「拚命透過話語傳達訊息」「努力對別人傾訴」，周遭的人就會因為你的態度而感覺到熱情，進而產生狂熱。

狂熱也就是「入迷」，換句話說，就是「投入到忘了時間」。

讓我先問個問題：「你曾經對什麼東西入迷過嗎？」

或許是電玩遊戲或漫畫，或許是電影或連續劇，也有些人是對偶像或藝人著迷。

想好答案之後，下一個問題是：「你為什麼對它著迷？」

我想這也有很多原因，可能是因為有趣、因為喜歡、因為其他人很迷。

不過，要對一件事狂熱，有一個絕對必要的條件。

那就是你的「行動」。**因為你採取了行動，才會對那件事如此著迷。**

人如果只是有興趣，是不會突然陷入狂熱的。

舉例來說，你不會因為「對那個遊戲有興趣」就突然「入迷」。

先是有興趣，接著實際玩玩看，要過第一關很難，但是你過關了，又進入下一個關卡，一開始雖無法過關，但努力之後成功了，像這樣採取行動，才會讓人一步一步陷入狂熱。

二〇一九年日本舉辦的世界盃橄欖球賽就是一個很好的例子。

橄欖球的知名度並不高，大部分人連它的規則都不清楚，日本全國卻都對它陷入瘋狂。這是因為人們在新聞看到橄欖球比賽、聽朋友討論、看電視轉播，甚至實際到會場看比賽，這些人都實際採取了行動。

我經常舉辦業務員的研習，有些參加者在簡報自家商品時，會用像唸說明書的語氣，毫無感情地唸出商品介紹。

我問他們「是不是很少使用自己公司的產品」，絕大多數人都回答「對……」。因為他們自己沒有做出「使用」的行動，所以對自家的產品完全不著迷。**如果連自己都沒有陷入狂熱，別人當然也不會狂熱。**

主管說「這一期的預算是十億日圓，大家一起加油」。這時，下屬可能會充滿熱情，也可能不會。

差別在於，主管是否有徹底思考、調查「預算為什麼是十億日圓」，採取行動並了解這十億日圓是充滿意義的數字。如果只是像隻信鴿一樣，將高層給予的數字直接說出來，就無法帶動下屬的熱情。

「製造狂熱的說話方式」乍看之下很難，其實將它因式分解之後，就會變成下面這樣。

自己採取行動→自己陷入狂熱→周遭的人也被你的狂熱影響

即使一開始沒有興趣，也要試著接觸、查詢、實際做看看。把你內心因此產生的感受說出來，影響身邊的人。這就是創造狂熱的說話方法的箇中原理。

能提高幹勁的人，會說出自己行動並入迷的過程。

2 讓人湧出幹勁的經典方法

能提高幹勁的人，會告訴別人達到目標後能得到的［　　］。

幹勁就是「想開始做一件事的衝勁」。想要做些什麼的時候，必須要先有標的。舉例來說，「在大會獲得冠軍」「考試考到八十分」「達成銷售額目標」「簡報後成功簽約」等等，正因為有標的，才會產生幹勁。沒有任何要做的事，當然也就不會有幹勁。

在工作上，會把標的叫做「目標」。主管會告知團隊成員明確的目標所在，企圖激發成員的幹勁。

不過，這裡其實有一個思考陷阱，那就是**人不會因為目標而感到雀躍**。或許有些人會因為「要賣一百萬個！」這樣的目標而興奮，但也會有人很冷淡，覺得這只是數字。有些人會努力挑戰做到前一年的二〇〇％，也有人會覺得無所謂。

我這麼說或許各位會嚇一跳，但目標的內容，其實是什麼都可以。

重要的不是目標的內容，而是抵達目標時能得到的「幸福」。

舉個例子，假設有個人早上起不來，即使設定了六點要起床的目標，還是完全爬不起來。不過，當「明天要去沖繩旅行所以六點要起床」，這個人就能輕輕鬆鬆地六點起床。這是因為他很期待。

有些人即便討厭唸書，也能因為「想跟喜歡的人上同一間大學」而拚命讀書。

據說打掃廁所可以提升財運，如果這是真的，就算覺得麻煩，我們也會一直做下去。

只要能描繪出達成目標時能夠得到什麼樣的幸福感，不論目標是什麼，人都會產生幹勁。

以下以一位學員的孩子為例。

這個孩子打電玩時，一定會玩到過關才願意關掉。

父母很擔心他老是在打電動，但改變想法之後，轉而開始誇獎他「到成功為止絕不放棄」的精神。

之後，發生了一件不可思議的事。

之前這個孩子在玩攀爬架時，總是中途就會放棄，無法爬到最上面。某一天，他卻不斷挑戰，一次又一次試著爬到最上面，直到天黑。

這個孩子不是喜歡電動遊戲，而是在達到目標時會感到幸福。這是非常了不起的才能。或許在長大成人之後，他也能在克服各種難關時感受到幸福。

有些人會在達成公司的業務目標時，因為得到穩定的收入而感到幸福。

也有些人會因為與客戶或團隊成員交流，與人有所連結而感覺幸福。

還有些人因為做出成果，感覺到自己的成長而幸福。

每個人都有各自的深層思考，請務必從關心每個人的思考開始。

掌握對方的幸福感↓告訴他你的目標↓描繪實現時對方的幸福

這就是引出幹勁的經典方法。

你重視的人，會因為什麼而感到幸福呢？

能提高幹勁的人，會告訴別人達到目標後能得到的幸福。

3 利用小插曲製造名言

能提高幹勁的人，會從 ______ 中製造名言。

我開始擔任講師時，有一件常常失敗的事，就是直接借用某個人說過的話。例如在某個地方聽過的話，或是名人的發言，我會把它們借用來當成自己的話說出來，結果我的聽眾一點感覺也沒有。

有一次，一位銀髮族聽眾吐槽我：「你說的事情，自己根本沒有體驗過吧。」他完全說中了……。其實聽眾都知道講者說的話到底有幾分是真心實意的。

如果我說「這個世界上只有兩種男人，我，還有我以外的所有人」，應該也一點都不好笑。

這是從羅蘭自己的經驗中誕生的名言，必須是他本人來說，才會有說服力。

從自己的小插曲中誕生的話語，才會打動聽眾的心，成為名言。

如果你覺得自己「沒有這種名言，也沒有那樣的經驗」，請放心。有兩種方法可以讓你輕鬆創造出名言。

①反轉你的經驗

非洲有一句諺語說：

「想早點到就一個人出發，想走得遠就跟大家一起出發。」

卓別林也有一句名言：

「人生近看是悲劇，遠看是喜劇。」

想早點到就一個人出發↓想走得遠就跟大家一起出發

近看是悲劇↓遠看是喜劇

為了讓真正想說的話更有張力，可以故意在前面加一句相反的話。

即使不是像偉人那樣了不起的事情也沒關係，重要的是你說的是自己的經驗。

相信你在過往的人生裡，也有自己的座右銘，例如「表達感謝」「打招呼要有精神」「信守承諾」等等。只有這句或許太過普通，可以試著在前面加一句反轉。

「沒有什麼是理所當然的，對一切都要表達感謝。」
「在職場上，無視他人會生病，打招呼則會帶來滿滿元氣。」
「遭到背叛你會傷心，對方守信你會開心。」
這樣是不是就比較有張力了呢？

②把經驗化為概念

概念就是思考事物的方式。透過自己的經驗，創造出「從這分經驗裡可以述說的內容」。這就是「把經驗化為概念」。

以我為例，我喜歡逗人笑，也喜歡聽人說話而發笑。

在前面的章節中提過，我出生在共有九個人的家庭，我擁有在家人團聚時說些蠢話、大聲歡笑的經驗。這種經驗深植在我的內心，因此就算失敗，我也一定會笑。即使看了一部並不有趣的電影，我也能找到其中的有趣之處。有人耍笨時，我一定會吐槽他，讓這一切變成笑聲。有些時候沒有成功，但我依然會笑。

從這些經驗中，我能說的是「人要活得有趣」。

舉例來說，想要說出跟「失敗」有關的名言，就要先想想對你而言失敗是什麼，試著回憶失敗的經驗。

接著，再思考從這段經驗中你能說出什麼？或許你會發現「那的確是失敗，但我也從中學到很多東西，甚至可以說有了那次的失敗，才有現在的我」。

那麼，你能說的是什麼呢？或許是「對了，從失敗中逃走，才是真正的失敗」。

藉由這種形式，從經驗製造出概念。

我們不須要像偉人一樣說出特別厲害的名言，比起遠在天邊的名人說的話，身邊的人的一句話更能打動人心。

能提高幹勁的人，會從「經驗」中製造名言。

4 令會議氣氛熱絡的關鍵詞

能提高幹勁的人，會在會議一開始時先表達＿＿。

會議有時會充滿沉重的氣氛。

打破這種氣氛是主持人的工作，也是主持人展示自己能力的看點所在。這是一個很難的任務，但如果你具有能夠立刻改變場面氣氛的能力，人們對你的信任會增加，你的稀有價值也會大幅上升。

接下來，我要介紹一些能讓會議氣氛熱絡起來的「關鍵字」。

請先猜猜看在以下兩個問卷中得到第一名的答案，兩者是同一句話。

①住友生命對三〇九五人做的問卷調查：

「能讓你露出笑容的一句話是？」

②湘南美容外科診所對一四〇〇人做的調查：

「你喜歡的一句話，以及喜歡它的理由」（請各位試著思考喜歡的一句話）

這兩個調查的第一名都是「謝謝」。

除此之外，在「希望男朋友說的話」「在工作上聽到別人說會高興的話」等各種問卷調查中，「謝謝」也都登上了第一名的寶座。

我們直覺地知道「謝謝」具有的力量，因為我們很清楚，聽到別人道謝時會開心，心情也會變好。

相信各位也聽過「Thank you」「kam sa ham ni da（韓文的謝謝）」「感謝」吧，這些都是「謝謝」的意思。就算我們不會說外文，還是會知道外文的「謝謝」該怎麼說。這是因為我們平常就很注意這句話。

因此，**在會議一開頭該說的是「感謝的話」**。它就是關鍵字。

「真的非常感謝各位今天來到這裡。」

這句算是常說的開場白，但只有這樣還不夠。

接下來還要說，

「今天能跟各位一起討論，我真的很高興。」

「非常感激各位在百忙之中抽空參與這個會議。」

此外，還可以說：

「今天，田中和鈴木幫我們準備了這個會議室。請各位謝謝他們。」

讓會議室中充滿了感謝，也是一個很好的方法。如此一來，從一開始這個場面就會充滿了溫馨的氣氛。

二〇二〇年七月，美國的《個性與社會心理學雜誌》（*Journal of Personality and Social Psychology*）刊登了一篇社會心理學者莎拉．亞果博士的論文，其中提到**「人受到感謝時，會更想幫助對方，與對方有更多連結」**。

也就是說，當你感謝與會者，與會者就會感覺到「我幫助了你」「我想要跟你有關聯」。

當主持人看著與會者的眼睛，真心誠意地感謝對方，這個場合就會從一開始便充滿笑容。**笑會讓大腦活化，大腦活化時，就能催生出更活潑的討論**。這場會議的討論也會更加熱絡。

這是只有主持人才做得到的事。因為在會議剛開始時，第一個說話的一定是主持人。

日文中的「謝謝」帶有「難能可貴」的意思，也就是奇蹟。不論是公司的會議，或是其他活動、休閒活動、家長會等等，今天聚集在這個會場中的人，都是彼此有緣。

對這段緣分的感謝，會讓整個會場籠罩在溫暖的光環中。

能提高幹勁的人，會在會議一開始時先表達「感謝」。

5 「讓人動起來」是過時的方法

能提高幹勁的人，會增加□□，藉此讓對方想要採取行動。

走進超市的蔬果區，會看到「看得見生產者的臉的安心蔬菜」標示。

舉例來說，番茄的包裝上會印著農夫的臉部照片，還會標明是在什麼樣的地方、以什麼樣的方式栽種出來的。知道生產者生產的概念與背景，消費者就更能安心購買商品。

比起只看到番茄本身，這種標示增加了我們對番茄的認識與理解，也讓我們更有購買欲。

認識、理解等心理行為，稱為「認知」。

長大成人之後，有些人會喜歡去神社參拜。明明小時候住家附近就有很多神社，為何長大之後才突然如此著迷呢？

這也是因為認知到的事物變多了。當這些人知道神社的歷史和時代背景之後，就會興沖沖地前往神社。

我想表達的是，「造成情緒激盪的認知一旦增加，人就會採取行動」。

在業務員的研習上，我常聽到有人說：「商品都賣不出去，我好困擾。」其實，這些人多半從頭到尾都只有跟客戶說明商品。

講完乾澀無味的說明，一切就結束了。如果沒有讓客戶產生會讓情感激盪的認知，客戶就不會購買。

那麼，我們該如何增加讓情感激盪的認知呢？

在傳達公司的目標時，不要只說目標數字和「這一期的目標是達到一百萬人次入場」，而是必須像種植番茄的農家一樣，說出背景與想法，例如「達成這個目標的目的是什麼？」「把它設定為目標的背景是？」「要怎麼達成它？」等等，藉此增加聽眾的認知。

請試著思考對聽眾來說，哪些才是令人雀躍的資訊。

有一位學員問我：「我家的孩子完全不唸書，我該怎麼辦呢？」

當時，我問他：「你為什麼希望孩子唸書？」

他很誠懇地回答：「因為我很後悔自己小時候沒有好好唸書」「我希望孩子能充分發揮潛力」「我希望他的人生不要有悔恨」。

我又問他：「那你有把這些想法告訴你的孩子嗎？」他回答：「沒有……」事實上，是他傳達得不夠多，因此無法讓孩子產生唸書的動力。

我們必須設法增加讓對方雀躍到想要採取行動的「認知」。請牢牢記住這一點，當然，增加認知的方法與內容也很重要，但首先**必須好好傳達你的想法跟事件背景**。

你可以一邊嘗試一邊不斷自我鍛鍊，以找出什麼樣的內容才能打動對方。

一直到現在，還是會有人提倡「簡報的目的是要讓對方採取行動」「這些訣竅可以讓下屬動起來」，實在讓我很遺憾。事實上，在對方發現你想讓他「採取行動」的瞬間，就會對你關上心扉。自己的事，我們總是想要自己決定。

我們能做的，只有支援對方，讓對方想要行動。你要做的不是設法讓對方採取行動，而是讓對方自己產生想去做的念頭。請認真傳達你的信念，增加讓對方雀躍期待的認知。想要打動對方的心，讓對方想要行動，這是很重要的一步。

能提高幹勁的人，會增加**認知**，藉此讓對方想要採取行動。

6 讓人離不開你的「稱讚與責罵法」

能提高幹勁的人，會在［　　］的基礎上讚美、責備對方。

在這一節，我要分享能夠加深你和對方情感連結的「讚美法與責備法」。

請試著回想看看，你感覺過哪些人對你有深厚的感情？可能有你的父母、主管、前輩、學校老師等各種不同的人。

這些人是用什麼方式誇獎你？又是用什麼方式責備你呢？有沒有你能夠回想起來的情景呢？

我有。高中時，我曾經想要逃離自己夢想的未來規劃，但當時的班導師怒斥我：「不准逃跑！」當我在考試中得到不錯的成績，他會笑得滿臉皺紋。要是我得意忘形不唸書，他又會很兇地罵我。我從小就不擅長讀書，多虧了這位老師，我在高中的成績是全班第一。被老師責罵、稱讚的情景，現在還牢牢記在我的腦海中。

相信你也有這樣的一個人。他對你溫柔嗎？還是嚴厲呢？

一定是既溫柔也嚴厲吧。我想他應該是很認真的人。

常有人討論到底要用讚美鼓勵人進步，還是用責備激勵人進步，其實都可以。**重點在於，這兩者都要建立在「期待」的基礎上。**

因為有期待，所以才會讚美，才會責備。只要對方能感覺到你的期待，那麼不論是讚美還是責備，都能讓他進步。

表達期待時常用的句型是「I message」。

「I message」的「I」是「我」的意思。「I message」也就是「我這麼想」「我這麼覺得」，是以「我」為主詞的表達方式。

讚美對方時，你可以說：

「你這麼努力用功，我很開心。」

「你做到了這件事，我真的覺得你很優秀。」

「有你在，我真的很幸福。」

責備時可以說：

「我相信你應該有能力能做得更好。」

「你竟然就這麼放棄，我真的很遺憾。」

「我內心深處覺得，你不會在這個地方一蹶不振。」

像這樣把主詞換成「我」，就能一口氣傳達出你的期待。

最糟糕的則是相反的表達方式，也就是「這都是為你好」。

「不進好學校，以後就過不上好的生活，我說這些都是為了你好。」

當你這麼說出口的瞬間，孩子立刻會覺得「你只是希望別人眼中看到的你很好而已」。

當主管說：「你連這種事情都不知道嗎？你以後會很辛苦。」下屬正在心裡呼喊：「又沒人教我」「只是你自己不想吃苦而已吧」。

「我相信你要是知道這個，將來的發展一定會更好」，這就是帶有期待的「I message」。

正因為是為了「YOU」傳達的訊息，才要用「I」來表現。這是一種逆轉的創意。

每個人都希望自己是倍受期待的。因為如果沒人對你有期待，你就會覺得自己的存在似乎毫無價值。因此，我們必須以「I message」送出「愛message」。感覺到愛的瞬間，人就會變得更強。

對重要的人，請以期待的心情認真讚美他、責備他。

能提高幹勁的人，會在「期待」的基礎上讚美、責備對方。

7 令人喪失幹勁的頭號天敵

能提高幹勁的人，會全力支援對方和□一決勝負。

「想提高業績，但是跑業務好麻煩……」

「想出人頭地，但是責任也會變大，好討厭……」

「想用功唸書，但是好想看電視……」

你是否也曾經和這些降低鬥志的話語有過一番戰鬥？

這些，全都是你內心的聲音。

我也有這樣的經驗。明明必須再完成一件工作，卻告訴自己「明天再做好了……」；明知睡前不該吃甜的，卻告訴自己「只有今天破戒」就吃下去了。有時我會和自己的心聲爭鬥，結果卻輸了。

最讓人喪失幹勁的天敵，應該就是自己的心聲吧。簡直就是「敵人正是自己人」。

因此，如果你想要提升某個人的幹勁，一開始該做的就是**全力支援對方，讓他能夠和「自己的心聲」一決勝負**。

對於正在與病魔戰鬥的人，即使對他連喊好幾聲「加油」，他的鬥志也不會提升，因為他已經很努力了。即使想加油，也可能有無法更努力的原因。你須要的做是**看懂「他和自己內心什麼樣的心聲在戰鬥」，並給予支援**。

支援的方法有以下三種。

①幫助

不論是想要提升業績，或是製作企劃書、用功唸書，其實都是很麻煩的事。

不過，如果有人可以跟自己並肩而行，幹勁就會跟一個人努力時不一樣。

我們需要的不是「你加油」而是「我們一起加油」，不是「你去好好經營」而是「我們一起好好經營」。

一個人練習吊單槓很容易受挫，但跟朋友一起練，就能繼續努力。

「陪伴」和「一起」，就是幹勁的源頭。

②認同

其實，想要挑戰某件事本身就是很厲害的一件事。請先認同對方的奮鬥精神。可以試著對他說：

「你應該很辛苦，但還是努力前進，我覺得你真的很棒。」

「我看到你在努力嘗試，你真的很厲害。」

「你的精神讓我學到很多。」

人在得到別人的認同之後，會滿足渴望被認同的需求，因而湧出前進的勇氣。

③預見

你也可以用預測未來的口吻，讓對方想像成功的情境，例如：

「我認為這是你才能做得到的工作。」

「如果是你，一定做得到。」

「沒問題！你有這個能力。」

人之所以沒有自信，是因為無法想像前方的目標。

如果對方看不到目標，請你先代替他看。能夠想像目標在眼前時，對方的表情就會在一瞬間完全改變。

用「加油」「別逃跑」「要有氣勢」來鼓舞對方的幹勁是不會有效的。對方需要的是一起努力的人。當你展現出「我想和你一起前進」的意志，才能夠提高對方的士氣。

能提高幹勁的人，會全力支援對方和內心的聲音一決勝負。

第八章總結

1 能提高幹勁的人，會說出自己**行動**並入迷的過程。

2 能提高幹勁的人，會告訴別人達到目標後能得到的**幸福**。

3 能提高幹勁的人，會從**經驗**中製造名言。

4 能提高幹勁的人，會在會議一開始時先表達**感謝**。

5 能提高幹勁的人，會增加**認知**，藉此讓對方想要採取行動。

6 能提高幹勁的人，會在**期待**的基礎上讚美、責備對方。

7 能提高幹勁的人，會全力支援對方和**內心的聲音**一決勝負。

第九章

讓對方開心的「傾聽方式」

1 聽沒有興趣的話題也能做出滿分回應的方法

很會傾聽的人，有的不是興趣而是□□。

「聽人說話的祕訣，是要對對方有興趣。」

講解傾聽方式的教科書常提到這一句。不過，我雖然擁有傾聽諮詢師證照，還是必須說實話，其實人無法那麼容易對別人產生興趣。

興趣的「興」是熱中、過得愉快的意思。它並不是一種平常就會一直出現的情感。

然而，我們在日常生活中，有些時候即使對話題沒有興趣，也必須聽對方說話。事實上，這種情境還比較常見。

我從結論開始說起。聽人說你沒有興趣的話題時，你需要的不是「興趣」而是「好奇心」。

好奇心是我們想要了解稀奇少見或陌生事物的心情。

小孩就是渾身充滿了好奇心，總是會問「為什麼？」「怎麼會這樣？」對任何事物都有好奇心。接著，才會慢慢產生興趣。

突然想要對一件事產生興趣，只會遭遇挫折。請先擁有好奇心，試著了解原本不知道的事物。**知道自己原本不知道的、稀奇的事情，會增加我們的知識和談話資訊。**

那麼，具體來說要怎麼做呢？以下我會按照步驟說明抱持好奇心傾聽別人說話的方法。

步驟① 設定環境

請先創造一個你必須專心聽對方說話的環境。

具體來說，在你聽對方說話時，請不要看，也不要操作手機或電腦，正面朝向對方。請盡量切斷對方話語之外的訊息來源。

步驟② 問問題

即使是沒有興趣的話題，也請試著提出簡單的疑問。

即使你對歷史沒有興趣，也可以問對方「為什麼您這麼了解歷史呢？」「您怎麼會對歷史這麼有興趣？」

「為什麼」和「怎麼會」，正是滿足好奇心的提問。

A：「德川家康原本的名字是松平元康。」

B：「原來如此，為什麼後來變成德川家康了呢？」

帶著好奇心提問，會得到你原本不知道的資訊。資訊愈多，你就愈會產生真正的興趣。

步驟③ 回饋

產生興趣之後，請說出你的想法與意見。

A：「我最近迷上三溫暖了。」

B：「為什麼會迷上三溫暖？」

A：「洗三溫暖會流汗，然後再去泡澡，來回三次，會有種煥然一新的感覺。」

B：「原來如此！我也試試看好了。」（回饋）

你提出問題，讓對方回答，給予回饋，接著再問問題。像做千層派一樣不斷對話，這種重複不斷的過程，會讓你產生真正的興趣。

你提出問題時，對方會因為你聽他說話而高興，你則會因為知識增加了而感到喜悅。在其他地方展露你得到的知識，有時還會被人稱讚「博學多聞」。聽別人說話，能夠讓你成長。

好奇心就是想要探究事物的根本心態。傾聽對方說話時，請先從這裡開始。

很會傾聽的人，有的不是興趣而是**好奇心**。

2 讓人想繼續說下去的回應力

很會傾聽的人，
會對□做出反應，而不是話題內容。

和很會傾聽的人見面時，我總是對他們的「回應能力」大吃一驚。和什麼都沒有意識到的人相比，兩者回應的能力簡直是雲泥之別。

所謂的回應，指的是在聽人說話時點頭、微笑、共鳴，也就是做出反應。

如果沒有反應，對方就不會知道你有沒有在聽，可能還會因此而生氣。

我相信讀了本書的讀者，聽人說話時一定會注意要做出反應。

也就是針對對方說的話，給予「原來如此」「好厲害！」「好棒！」等回應或是點頭。這真的很重要。

不過，溝通專家的技術比這還要更高一階。

他們會對對方的「情緒」做出反應，而不是話題內容。

比起「對方說話的內容」，他們更會對對方的情緒做出反應，例如「他說話時好像很開心」「好像還想多說一點」「他喜歡這個話題」「是不是厭倦這個話題了」「好像差不多想換話題了」「他的情緒有點煩躁」「這個話題好像不太好」等等。

而且，對方說得很開心時，他們也會表現得很開心；對方難過時，他們會一起難過；痛苦時，他們也會陪著一起。

他們回應的不是話題內容，而是對方的情緒。

幾年前，我曾有一次極具衝擊的體驗，讓我不得不感嘆「真不愧是聽人說話的專家！」

有一位當老闆的前輩帶我去了銀座的高級俱樂部。

那裡的女公關在聽前輩說話時，只要前輩開心，她就會跟著開心，前輩認真嚴肅時，她也會用認真的表情聆聽。雖然我不知道他們說了些什麼，但她的表情變化非常明顯。

那位女公關的氣場變化簡直就像店裡的燈光變亮或變暗一樣。這是因為她對對方說話時的情緒做出反應，刻意調整了聆聽時的氣氛。

實在太厲害了，難怪那間店雖然消費很貴，店裡卻是客滿。我在那裡見識到了讓人想說個不停的回應能力精髓。

有時，我們會難以看出說話的人的情緒。例如對方沒有表情，說話很平靜的時候。這時，我會單刀直入地提問。

「您很了解這個主題，是因為您很喜歡嗎？」
「這不會讓您很痛苦嗎？」
「這個話題要不要就此打住？」

即使是看不太出情緒的人，也不是沒有情緒。詢問他們的情緒，他們就會吐露出來：「是這樣沒錯」「比起痛苦，其實我更難過」「不，我很有興趣」。

我們不可能百分百讀懂對方的情緒，但是嘗試感覺對方的情緒還是做得到的，端看聽的人想不想這麼做。

配合對方的情緒做出回應，是溝通上非常重要的能力。

很會傾聽的人，
會對**情緒**做出反應，而不是話題內容。

3 這句魔法台詞讓對方不知不覺說出真心話

很會傾聽的人，會用「　　」問出對方的心聲。

在日常生活中，各位有沒有「好想知道對方在想什麼」的時候呢？業務員總是「想知道客戶的困擾是什麼」，主管也會「想知道下屬真正的煩惱是什麼」，夫妻與男女朋友有時也會想知道對方的心情。

問題在於「人不會那麼輕易說出自己的真正想法」。

這世上沒有哪個客戶在彼此關係還不深時，就對你直接說出他面臨的問題。下屬也不見得會一直對主管坦承。

然而，如果引不出對方的真心話，我們就很難拉近跟對方的距離。

有一個訣竅能自然地引出對方的真心話，就是使用「是不是」（＝推測）這個詞。

在連續劇裡常會看到某個角色被問到「你是不是有喜歡的人？」時，緊張地否認「才沒有呢！」的情境。這種時候，大部分都是真的有。如果沒有，應該只會冷靜地回答「沒有」。

我想說的是，**「當別人對你做出推測，你就會想要有反應」**。

在我們公司的研習地點，有一位穿著西裝，身材纖瘦的男性。

因為他看起來實在太瘦了，我忍不住開口詢問：

「你是不是只有五十幾公斤？」

而他回答我：

「不，雖然我看起來很瘦，但我有六十五公斤。」

因為我推測他，他就輕易地把自己體重說出來了。

這只是一個例子，不過，在心理學上有一個概念叫「認知失調」。

認知失調是一種心理反應，也就是**「人同時擁有自己的認知和與其矛盾的認知時，會覺得不舒服，且想要消除這種不適感」**。

放著錯誤不管，感覺就是不太舒服。

因此，保險業務員找到一位潛在顧客時，會先問：「您是不是很了解保險呢？」對方就會坦承回答「不，我不了解」或「其實不太懂」。

問到這個答案之後，業務員就能接著說：「原來如此，那由我來詳細說明。」接著進入勸說對方買保險的階段。

如果客戶回答「我很了解」，那麼只要說明行家需要的艱深知識就好。無論如何，只要推測，就能得知對方的心聲。

問題在於，在不了解真正情況時，就用自己的步調魯莽地發表意見。

主管問下屬「在職場上有沒有什麼困擾」，下屬也不會真心回答。

這時，主管可以試著這樣問問看。

「你是不是手上的工作太多？做得很辛苦吧？」

「你是不是不知道那件企劃該怎麼做，所以停下來了？」

如此一來，或許下屬就會說出真心話：「是的，其實……」

如果下屬還是說「沒有」，你只要再補上一句「我看你好像很辛苦才會這樣覺得，如果有什麼狀況記得要告訴我」就好。這麼一來，或許下屬終於會說出真正的心聲。

用「是不是」句型的目的，並不是猜中對方的心聲。目的是**拋出一個推測，讓對方更容易說出真正的想法**。所以，這個猜測即使猜錯了也無所謂。

吐露真心話之後，彼此的距離就會拉近。你能多支援對方時，對方也會高興。當彼此的關係加溫，你們就能夠一起戰鬥。

請務必藉由推測汲取對方的真心話，經營一段強韌的人際關係。

很會傾聽的人，會用「是不是」問出對方的心聲。

4 讓對方積極分享的傾聽方式

很會傾聽的人，會＿＿稱讚，重複對方的話，還會＿＿很有感情地聆聽。

我經營的公司有超過一百位講師，在日本全國各地對學員進行一對一的諮詢，所需時間為六十分鐘。

在這段時間內，講師幾乎只會聽學員說話，不太給建議。不過，當諮詢時間結束，總會發生不可思議的事。

學員會說出具有強烈積極性的話語，例如：「我現在好有幹勁！」「我找到該做的事了！」「我會馬上開始行動！」等等。

常有人問我：「講師只是聽學員說話而已，為什麼會有這些效果呢？」事實上，講師如果什麼都不做，只是單純地聽學員說話，學員是不會有這些感言的，所以還需要一些用心安排。

這些安排就是三件必須「邊做邊聽」的事。

①一邊稱讚一邊聽

「您為什麼這麼了解呢？」
「您的行動為什麼會這麼迅速？」
「您為什麼能思考得如此深入？」

使用這種提問方式，對方會認為你在稱讚他。
這種說話方式類似不直接說「很美」，而是詢問「要怎麼樣才能保持這分美麗」。
在第一章提到過，人在分享關於自己的事情時，會分泌出「快樂荷爾蒙」多巴胺。當你一邊稱讚別人一邊聽對方說話，對方就會想要分享更多自己的事。
這也是一個能夠讓對方變得積極主動的開關。

②一邊重複一邊聽

A：「我上星期搬家了」
B：「咦，您搬家了嗎？」

在第二章說過，「重複」就是直接把對方說過的話再說一次。這不是單純的重複而已，重點在於**「你要重複的是對方希望你重複的部分」**。

舉個例子，當對方說：「我最近真的好忙，都沒時間看書。」你會重複哪個部分呢？是「我最近真的好忙」？還是「都沒時間看書」呢？

正確答案是「看情況」。要抓住哪一句，必須看對方的氛圍、表情和說話方式決定。重點是對方希望你提到哪個部分。說到那個部分時，聲調會改變，或是表情會產生變化。我們必須抓住這一點。

人只要獲得別人的共鳴，就會覺得開心。開心也會讓對方變得更主動積極。

③「一邊傾聽一邊融入情緒」

嚇一跳時，說「喔喔～！」＋「好厲害喔。」

感到佩服時，說「哇～」＋「這好深奧。」

有同感時，說「噢～」＋「原來是這樣呀。」

表達理解時，說「欸～」＋「那真是辛苦你了。」

像這樣在回應時加入你的情緒，對方會覺得你理解了他，覺得「自己並不是孤獨一個人」。這就是我們活下去的原動力。

主動的意思，就是積極、更容易採取行動。以上幾種「邊做邊聽」的技巧可以促使對方更加主動，給予對方強大的能量。請一定要試試看。

很會傾聽的人，會「一邊」稱讚，「一邊」重複對方的話，還會「一邊」很有感情地聆聽。

5　令人遠離的「危險性親切」

擅長閒聊的人，會把建議變成□。

以下介紹兩種讓別人遠離你的「危險聆聽法」。

① 無視別人說的話

包括左耳進右耳出、假裝有在聽對方說話其實沒有、無視對方說的話等等。

② 打斷對方

對方還沒全部說完，你就先說「你到底想說什麼」「我沒聽說過這件事」「不是你說的這樣」，打斷對方的話，不讓他繼續說。

總而言之，不論是無視還是打斷，都是沒在聽對方說話。我相信所有人都知道，這些都是不能做的事。

因此，我這次想要解釋的是第三種「危險聆聽法」。舉例來說，像是這樣。

A：「我好煩惱應該升學還是就業……」

B：「你應該先釐清自己想做什麼。」

B的建議很合理，但A聽了卻不開心。這是因為比起建議，對方更希望你先聽他說話。

A：「我很不擅長在會議上發表……」

B：「你應該要更有自信，失敗是每個人都會發生的。」

A：「啊……好的……」

這個例子也是一樣，找你商量的人，其實是希望你先聽他說話。

也就是說，**隨便給建議，其實就是沒在聽對方說話**。這和無視或打斷沒什麼兩樣。出乎意料地，這也是很多人會犯的錯。

對方認真找你商量時，你當然也要認真提出建議，但很多時候對方根本沒有要尋求建議。這時，就看你能不能拚命忍耐自己想給意見的衝動了。

這時，你可以試著使用**「自言自語」**這一招。

對方問你

「我該怎麼辦？」的時候，

你就像自言自語一樣小聲地說：

「對呀，該怎麼辦呢……」

既不是給予建議，也不是放棄給意見，更不是反問對方：「你覺得該怎麼辦？」**而是跟對方一起思考。**

如此一來，對方就會說更多真心話。因為眼前出現了願意一起陪他思考自己煩惱的人。對方的心敞開了，就會對你說出各種心聲。

你可以說「對呀，真讓人煩惱……」「如果是我會怎麼做呢……」和對方一起思考。如果對方還是希望你給意見，你再告訴他「如果是我會這麼做」「或許可以這樣做」，要忍到這時再提出建議。

如果不站在這個距離傾聽對方說話，只會讓對方產生不好的印象，覺得你「都不聽人說話」。你給的意見也只會帶來反效果，對方甚至會認為你「都不聽人說話，只想強迫別人接受你的價值觀」。

忍不住想給出建議時，請把它轉化為喃喃自語。先試著停下來，讓對方看到你擁有能夠好好聽他說話的從容。當你擁有這麼大的氣度，人們自然而然就會聚集到你身邊。

很會傾聽的人，會把建議變成自言自語。

6 深入建立關係的對話

擅長閒聊的人，會在深入提問前先送出　　　。

聊一些無關緊要的話題炒熱氣氛很好，但有時我們會想談些更深入的話題。以談戀愛來說，就是想更了解對方的時候。若是在公司內的溝通，就是主管想更了解下屬的時候。

不過，如果太過開門見山地提問，多少會煩惱「對方會不會產生戒心」「對方會不會因此討厭我」「也許對方會心生反抗，質疑我為什麼要問這種問題」，這些疑慮有時會讓我們打消提問的念頭。

這時，有一個很好的方法，就是事先送出訊號，告知對方：「我現在要說一些比較深入的話題。」

不論是誰，突然被問很深入的問題都會感到害怕。因此，我們要在一開始先送出「訊號」，緩和問題帶來的衝擊。

所謂的訊號，就類似以下這些句子。

「我可以問你一個問題嗎？」

「我想問你一件事……」

說了這句話之後，再問：「你是做什麼工作的呢？」「你的工作須要在很多人面前說話嗎？」等問題。

比起突然被問「你做什麼工作？」先送出「我要問問題了喔」的訊號，對方比較能做好心理準備。

先說「我想問你一件事……」之後，我們也能比較輕鬆地問出「你的理想對象是哪種類型的？」

或許各位會覺得：「什麼啊，原來就這樣而已喔。」事實上也沒錯，就是這樣而已。但是，人只要想到自己想問的問題，就會立刻問出口。因為不問出口就不舒坦，所以會不打招呼，突然就發問。

以職場為例，就是主管直接問下屬：「你的表情有點陰沉，發生什麼事了？」在這個案例中，主管只要放出訊號，先說一句「我有點在意」，下屬就會先做準備，思考「主管在意的是什麼」，主管在這之後再說：「你的表情有點陰沉，發生什麼事了？」**比起突然逼近核心，事先送出訊號，更能讓下屬安心，也更容易回答主管的問題。**

主管要是突然問下屬：「十年後你希望自己是什麼樣子？」下屬也會很難回答。這時，可以像以下範例一樣分兩階段送出訊號。

主管：「我想問你一件事，可以嗎？」＝訊號 1
下屬：「咦？什麼問題？」
主管：「要是很難回答，你就直接說很難回答，不用太顧慮。」＝訊號 2
下屬：「好的。」
主管：「十年後你希望自己是什麼樣子？」＝問題

我們不知道下屬能否回答這個問題，不過，**與其突然問出深入的問題，事先送出訊號，對方比較能感覺到你對他的顧慮，**察覺到你是因為「這個問題很難回答，因此顧及他的心情」。

如此一來，對方也會比較想要回答這個問題。

在你說完「我不知道該不該問這個問題之後」，通常不會有人回答「那你就不要問」。因為對方也很在意。對方既然在意，就是容許你問他問題。因此你們才可能進入一段深入的對話。

你和對方的關係只能停在閒聊就結束，或是你們能發展到可以深入談話的關係，這兩者之間有一條很大的界線，想要突破它，你只需要一點點訊號。

很會傾聽的人，會在深入提問前先送出「訊號」。

7 打造安心安全的空間

擅長閒聊的人，比起逗笑別人，更會自己［　］。

我想問一個問題。

你常常逗別人笑嗎？

還是常常聽別人說話時發笑？

有些人很擅長總結話題，或是在恰好的時機說一句經典名言，讓現場一片笑聲，不論別人說什麼，他都能在一瞬間做出反應，製造歡笑，這種人真的非常厲害。

不過，**如果你的目標是當個擅長傾聽的人，那麼「聽別人說話時發笑」才會讓你受到壓倒性的支持。**因為人都有「安全需求」。

我們總是想從危險中保護自己，希望生活安全又安心。而人會從歡笑中感覺到安全與安心。

舉例來說，沒有人會在客廳看電視看到開懷大笑時突然開始跟家人吵架。也沒有人會在跟朋友一起開懷大笑時突然開始吵架，叫對方「快點還錢」。當我們看到小嬰兒露出笑容，也會自然地跟著微笑。

如果有人用手槍指著你，你會嚇到說不出話來。但當別人在你身邊微笑，你會感覺到安心，因而想說點什麼。

人要感覺安全、安心，才能解放自己的心，說出話來。

想在對話中加入笑容與笑臉，有以下幾個方法。

其實都很普通，並不特別。

【對話開始時】

「〇〇（對方的名字）！好久不見！」在面對面之前先露出笑容。

【對話中】
可以說「好有趣」「好好笑」「好好玩」「好開心」，用言語來表達笑容。

【對話很熱烈時】
拍手大笑、抱著肚子大笑，笑得前仰後合，用動作來表達歡笑。

【告別時】
「今天好開心！」「不要老是讓我笑成這樣啦！」「下次想再聽你說！」留下跟笑有關的一句話。

表達快樂心情的方法不是只有表情，還有言語、動作等等。

附帶一提，聽說「笑」這個字是表現「人在跳舞」的象形文字，它的形狀是一位巫女舉起雙手跳舞。光是聽到它的由來，就給人很快樂的印象。

不過，只要我們活著，就不會只有快樂有趣的事。

即使現在很難熬，但只要能夠保持積極心態，告訴自己「這麼痛苦的事接下來會變得很有趣」，總有一天能笑著回想「當時真的好慘啊」。有這種氣魄的人愈來愈多，這個世界就會愈來愈有趣。

最後，我要用我最喜歡的高杉晉作的短歌作結。

「這世界很無趣，但你的心能讓它有趣。」

很會傾聽的人，
比起逗笑別人，更會自己先笑。

第九章總結

1 很會傾聽的人，有的不是興趣而是**好奇心**。

2 很會傾聽的人，會對**情緒**做出反應，而不是話題內容。

3 很會傾聽的人，會用「**是不是**」問出對方的心聲。

4 很會傾聽的人，會**一邊**稱讚，**一邊**重複對方的話，還會**一邊**很有感情地聆聽。

5 很會傾聽的人，會把建議變成**自言自語**。

6 很會傾聽的人，會在深入提問前先送出**訊號**。

7 很會傾聽的人，比起逗笑別人，更會自己先**先笑**。

第十章

引出對話的「提問」

1　令人開心的最佳提問

很會問問題的人，會針對對方的□提問。

想要引發對話時，會有「好的提問」和「不好的提問」。

若用一句話來概括，好的提問就是「讓人想回答的問題」，不好的提問則是「讓人很難回答的問題」。

當對方問到我們喜歡的、有興趣的事物，我們就會想要分享許多事。

相反地，如果有人問：「有沒有好笑的小故事可以分享？」就會很難回答。還有，對方一直追問跟你無關的問題時，你也會感到困擾。

說到引發對話的專家，就是訪談者。

我曾經接受過許多雜誌與媒體的訪問，針對「商務人士的說話方式」分享了不少內容。每天都在訪問的人，引導對話的提問真的非常巧妙，即使原本預計的訪談時間只有六十分鐘，也會不知不覺就說了九十分鐘。

其實，人都有「會很想回答的問題」。

那就是針對「內在」的提問。所謂的內在，指的是「價值觀」「想法」「堅持」「原則」「動機」「背景」「品味」等等。

舉例來說，不會引發對話的人，在問完「您過去在哪些業界工作呢？」之後，問題就會結束。不過，擅長引發對話的人，會再追問對方的動機：「為什麼您會挑戰那個業界呢？」因為他們知道，對方的價值觀和想法藏在這裡。

對一個繫著時髦領帶的人，與其問他：「是在名牌店買的嗎？」不如問：「好好看的領帶！您是配合當天狀況搭配領帶嗎？」把問題重心放在對方特有的堅持上，更能炒熱對話氣氛。

因為這是針對內在的提問，只有對方本人才能回答。「我想知道的不是別人的事，是你的事」，這種提問能夠滿足對方的認同需求，所以對方會很開心，也會很想回答這個問題。

主管責備下屬時也是如此。假設下屬提出的企劃案差強人意，這時，最糟糕的問法是：「你怎麼會做出這個企劃？」因為這個問題沒有針對下屬的內在。

針對內在的提問是：「在這個企劃裡，你有什麼想法？」等下屬回答後再指出他的問題就好。突然一開口就指責對方，只會讓下屬的幹勁一落千丈。

以下三個關鍵字可以幫助我們針對對方的內在提問。

「是什麼樣的心情？」

「有哪些想法？」

「是什麼樣的契機？」

其實，真的只是問問題的方式差了一點點。想要知道對方的祕訣時若問：「要怎麼做才能讓簡報技巧變好？」看似是一個單刀直入的好問題，其實很難回答。

好的問法，應該是：

「您是用什麼樣的心情在做簡報的呢？」

「在製作簡報時，您的想法是什麼呢？」

「您是在什麼契機下，簡報技巧才變得這麼好呢？」

這樣的問題詢問的是對方的實際經驗，因此很好回答。

一流的溝通者，總是對著對方的內心說話，也常會開發出讓對方想多說幾句的提問。

很會問問題的人，會針對對方的「內在」提問。

2 能拓展對話的詞彙庫

很會問問題的人，會使用「　　」引出更多對話。

我經常會指導正在尋找結婚對象的人溝通技巧，在相親時如果聊不起來，通常是因為腦中一直在想下一個問題要問什麼，例如「你的工作是什麼？」「興趣是什麼？」「是哪裡出身？」「假日在做什麼？」等等。

這種聊法，話題無法向外拓展。在思考「要問什麼問題」時，就無法集中精神聽對方說話。如此一來，對方就會發現「你沒在聽他說話」。

努力提出問題，想讓彼此的對話加溫，這時卻反而讓氣氛一下子冷了下來。

我想，你應該也是害怕「不先想要問什麼，對話就會中斷，若雙方都陷入沉默，我一定會更慌張」。

不過，其實不須要去想一堆問題，苦惱「下次要問這個」「或是問那個」，只要在對方的話語中加一、兩個詞，你們的對話就能一直延展。

具有這種效果的，就是「接續詞」。

接續詞就如它的字面意義，是連接下一個對話的詞語。也就是在對方說完之後，你再加上一個詞或一句話。

以下是幾個使用範例。

順接：接到下一段對話的詞「也就是說」

「也就是說，其實是○○嗎？」

「也就是說，你今後會以○○為目標嗎？」

深究：尋找契機的詞「為什麼」

「你喜歡○○啊，為什麼你會喜歡呢？」

「你為什麼會對○○有興趣？」

推進：推進話題的詞「然後／後來」

「原來是〇〇啊！後來怎麼樣了？」

「然後怎麼了？」

具體：讓話題內容明確的詞「具體來說／舉例來說」

「咦！是〇〇嗎？具體來說發生了什麼事？」

「舉例來說是怎麼一回事？」

轉換：轉到別的話題的詞「其他／對了」

「原來是〇〇啊。其他還有發生過什麼事呢？」

「對了，你們沒有做〇〇嗎？」

對比：舉出相反事物的詞「那是／還是」

「那是跟〇〇不一樣嗎？」

「還是說它是〇〇？」

以上就是不用提出新問題，而是順著對方的話繼續說下去的方法。

提問的語彙量，其實也就是接續詞的豐富度。

擅長拓展話題的人，其實不是腦中有很多很好的問題，而是會調整對話的軌道，讓對方能暢所欲言。

我們必須從「自己想問的問題」切換到「讓對方想說話的問題」。

能夠為了對方改變自己的基準，就能建立豐富的對話與親密的人際關係。

很會問問題的人，會使用「接續詞」引出更多對話。

3 讓人不知為何很想回答的提問

很會問問題的人，會製造出容易回答的［　　］再提問。

即使提問很重要，但如果連珠砲般地問「為什麼？」「怎麼會？」「什麼時候？」「是誰？」會讓對方感到被逼問，無力回答。

讓人不由得想要回答的問題，比起內容，更重要的影響因素是提問的方式。重點是在提問之前，加入了什麼樣的前置。

以下是三種簡單的方法。

① 先認同對方再提問

「〇〇先生／小姐這麼厲害，我真的很想請教您。」

「正因為是〇〇先生／小姐，才希望您能教我。」
「這個問題我只能問〇〇先生／小姐您。」

這些句子隱含著「我想問的對象不是別人而是你」的意思。和「不論是誰都可以，我只是先問你的意見」有著天壤之別。

加上「〇〇先生／小姐」，稱呼對方的姓名，更有一種獨特感。人在別人需要自己時，會感到喜悅，也會更想回答問題。

②先提到對方的行動再提問

「〇〇先生／小姐您總能遵守截稿日，是有什麼訣竅嗎？」
「〇〇先生／小姐您總是在會議上率先發言，這只要經過訓練就能做到嗎？」
「〇〇先生／小姐您剛剛撿了掉在走廊地板上的垃圾，其他人都沒有注意到，請問您是平常就特別注意嗎？」

先提出對方具體的行動，對方就會覺得你有好好看著他。

這是從自己的行動提出的問題，因此很有回答的意義。

我在接受訪談時，也常覺得比起「為何您會創立商務學校呢？」這種提問方式，「聽說桐生先生原本在人力派遣公司工作，之後轉到聲音訓練公司，後來才創立現在的商務學校。您為什麼會創辦商務學校呢？」這樣的問題才會讓我更想回答。問問題的人具體查詢了我的資料，能讓我感覺到他對提問的熱情，因此觸發了我想回答的念頭。

③ 先降低對方回答的難度再提問

「如果您有意見，可以告訴我。」

「即使是有些籠統的想法也沒關係。」

「用〇〇先生／小姐的主觀看法來談也沒問題。」

突然被詢問「您沒有意見嗎？」會讓人覺得「必須說出正確的話」而心生警戒，甚至說不出話來。

相反地，如果對方使用了「如果」「籠統」「主觀」等模糊的說法，我們就會知道對方想要的不是正確答案，回答的難度也就一口氣降低了。

以上是三種問問題的前置方法。

在提問前加入一點點句子，對話的氣氛就會改變。

很會提問的人，會全力營造讓對方容易回答的環境。令人刮目相看的人，總是很清楚引發對話的重點在哪裡。

很會問問題的人，會製造出容易回答的狀況再提問。

4 一次掌握全部需求

很會問問題的人，會利用「　　　提問」俯瞰全局。

你是不是也有這樣的經驗呢？明明已經按照主管或客戶的指示去做交待的工作了，對方卻露出不滿的表情，或是已經拚命應對了，卻被交待要重做一次。

為什麼會發生這種狀況呢？

這是因為對方在交待你做事時，或許並沒有把自己全部的需求都說出來。

舉例來說，主管交待你：「跟山田企業的應酬要點套餐。」這時主管並不會一一具體地叮嚀你「要在新宿的○○餐廳，預約○點到○點的○○套餐，價錢是……」因為他以為你會知道。

不過，本來就有很多事須要開口詢問才會知道。因此，別人請託我們做事時，我們的提問能力就會受到考驗。

如果能確實提出問題，只要問一次就能掌握對方的需求。如此一來，就能大幅減少須要重頭再來的狀況。此外，對於別人請託的事項能夠做出高品質的成果，對方的滿意度也會上升。

接下來，我想介紹的是一次提問就能百分之百掌握對方需求的「曼陀羅九宮格提問法」。

據說，讓大谷翔平成為一流選手的目標設定表就是「曼陀羅九宮格」。這是一種在曼陀羅圖樣的格子裡填入想法，在整理必要項目的同時讓它可視化的工具。

掌握對方的需求時，也可以利用這張曼陀羅九宮格。舉個例子，以下以對方請你「製作學習用APP的企劃書」時的提問步驟來說明。

步驟① 畫出九宮格，在正中央寫上「對方請託的案件內容」

首先，做好準備，聽對方說請託的內容。

在筆記本或其他媒介上畫出九宮格，在中間的格子寫出對方請託的案件內容。

步驟② 在各個格子上填入問題的項目名稱

寫上你要跟對方確認的各個項目名稱。

第一層寫這個案件的「目的」，數字化的「目標」，還有「日期」。第一層要排列的是本質性的項目。

第二層要釐清「誰」要向「誰」提出內容。

第三層填寫具體內容，「詳情」是案件的詳細情況，「資源」是金錢與人力等資源，「優先度」是優先順序。你必須向對方確認目標的優先順序。

步驟③　向對方提問，並將回答內容填寫在格子裡

實際詢問對方。

如果有格子裡寫不下的內容，可以使用筆記本整張右頁來填寫。筆記本打開之後左邊的頁面是曼陀羅九宮格，右邊則是填寫補充訊息的頁面。

一開始，你可能會覺得在筆記本上畫九宮格、填寫項目很麻煩。不過，我就直說吧，總是被迫從頭再做一次的人，根本沒有看到全局。就是因為沒有看清全局，才會漏掉該確認的事項。

使用九宮格整理，就能一次看清楚「還有哪裡沒有問到」「還有哪些不清楚」「哪些內容太過薄弱」。

用九宮格確定案件的方向性，然後把內容填寫進去。這就是一次提問能夠掌握所有需求的方法。

很會問問題的人，會利用「九宮格」提問」俯瞰全局。

目的	目標	日期
提案新的教育風格「通勤學習」	以測試方式向一千人引進學習 APP	8/17（五）上午
誰來做		交給誰
我來製作	製作「學習 APP」企劃書	提交給田中部長
詳情	資源	優先度
1 需要有 APP 的內容 2 製作設計圖	1 初期預算 350 萬日圓 2 由我負責監督，由三課製作	1 高水準 2 如果須要與其他案件調整，須和部長商量

5 觸動潛意識的提問

很會問問題的人，會□詞語，引出對方的能力。

人雖然知道自己的弱點，卻不太清楚自己的長處。

我們立刻會看到自己的缺點。自我分析時，大部分的人會說出的缺點也比優點多。

正因如此，我們才需要能激發對方長處的「提問力」。

然而，如果單刀直入地詢問「你的長處是什麼？」對方也不會回答。這個問題沒有這麼容易得到答案。**我們需要更能碰觸到對方潛意識的問題。**

潛意識就是本人也還沒有察覺到的意識。

在這裡，我想先分享一些敝公司的事。

敝公司一年會舉辦兩千次「能讓對方聽懂的說話法」研習，其中最多學員提的問題，就是

「在眾人面前無法好好說話」。來參加研習的八成學員，都不擅長在眾人面前說話。絕大部分的人只要站到大家面前，就說不出話來，或是緊張到忘了自己要說什麼。

那麼，我們一開始指導了什麼呢？

並不是「冷靜下來說話的方法」，也不是「放鬆說話的技術」或「自信說話的竅門」。首先，我們會先「定義成功」。也就是定義在眾人面前說話時，「要以什麼標準為成功」。這個標準每個人都不一樣。例如：

- 自我介紹結束後，有人來搭話說「可以交換名片嗎？」就是成功。
- 簡報結束後，客戶購買商品就是成功。
- 每一句話都沒說錯，正確地說出來，就是成功。

先定義成功，可以讓學員們發現「對了，就算我很緊張，只要傳達出正確的資訊就是成功了，正確傳達資訊我很在行」，察覺自己的長處。定義之後，我們才能看到新的世界。

曾有學員在轉職的面試時，無法好好回答「你的長處是什麼？」這個問題。以下介紹我跟這位學員的對話。

我：「你認為的『長處』是什麼？」
學員：「不輸給任何人的地方。」
我：「原來如此，那麼，你認為你有哪些事情比其他人更注意、更努力呢？」
學員：「可能是讓對方高興吧。」
我：「很棒！你做了什麼呢？」
學員：「嗯……我先主動打招呼，也會仔細聽對方說話……對了，我很擅長處理客訴。」

就像這樣，**把言語加以「定義」，就像敲敲對方腦內的大門一樣，能讓對方想出「對了，說起來我其實……」**

當我們把溝通定義為「彼此了解」之後，有位學員說：「我原本以為自己很不擅長溝通，但現在想想，我其實很擅長告訴別人我喜歡什麼，也很擅長問出別人喜歡什麼。」從此能夠積極與人對話。

把創新定義為「讓現在就有的東西更方便」之後，也有一位學員發現「原來不需要很動態的創意也算是創新」，從此一個月就能賣出五、六套要價五百萬日圓的系統。

還有學員說；「如果把幸福定義為能夠說出『謝謝』，那我現在就很幸福了。」

「〇〇的定義是？」正是一個讓對方找到價值觀所在的提問。

很會問問題的人，

會「定義」詞語，引出對方的能力。

6 讓彼此心連心的提問

很會問問題的人，
會替對方的感受［　　］。

提問大致上分成三種。

①向對方詢問你不知道的事：為了自己問的問題。
②引出對方的需求或可能性：為了對方問的問題。
③這個小節要說的：連結自己與對方的問題。

請問各位，什麼時候你覺得跟對方最接近？
答案應該是心意相通的時候吧。換句話說，就是「擁有同樣想法的時候」。

一起跨越困境的朋友，之後會成為好友；一起經歷過可怕的事件，之後會突然變得要好，這都是因為你們擁有了一樣的想法。

透過提問，我們也可以擁有和對方一樣的想法。

這時，必須利用「代言對方情緒的提問」。

「你不覺得冷嗎？要不要調高空調的溫度？」

「從早上就一直開會，你應該很累了吧？」

「接到緊急電話，是不是沒有好好休息？」

這些都是很自然的問題，但都代言了對方的感受，能讓對方感覺到「你察覺了他的感受」，因此能夠拉近心靈的距離。

卡爾・羅傑斯＊（Carl Ransom Rogers）是在特定族群中非常知名的諮商大師，他提倡的「積極傾聽（Active Listening）」第一項原則就是「同理心」。

＊註：卡爾・羅傑斯，一九〇二～一九八七年，美國知名心理學家，人本主義創始者之一。

同理心的意思是，站在對方的立場，一起感受並試著理解對方。替對方的感受代言也是一種共感。共感是連結你與對方的橋樑。

讓我們稍微提高難度，剛剛的是初級篇，現在試試看中級篇。

「其實你不太想參加，對不對？」
「你是不是有一些很難說出口的話？」
「你本來有更想做的事情，對吧？」

如何呢？這些和「冷」「熱」「疲勞」「精神飽滿」等等一看就知道的狀態不一樣，是必須深入觀察對方才能問出來的問題。

即使表情和平常一樣，但眼神有點無光、聲音沒有精神、臉的角度有點斜向一邊……我們必須抓住這些**非言語特徵**。

接下來是代言對方感受的高級篇。

這會出現在我們在眾人面前說話的時候。知名的演講者在大眾面前說話時，會利用提問替聽眾的感受代言，讓彼此心靈相通。這叫「**一人提問**」。

「你們不覺得如果發生這種事，會很開心嗎？」
「大家應該有一兩次這樣的經驗吧？」
「萬一發生這種事，各位一定會很受打擊對吧？」

像這樣丟出代言聽眾心聲的問句，雖然不是直接讓聽眾來回答，仍然能夠拉近說話者和聽眾內心的距離。

提問有為了自己問的、為了別人問的，還有這個小節說明的——「為了連結自己與對方而問的問題」。

請積極利用替別人感受代言的提問法，強化你與對方的關係。

很會問問題的人，會替對方的感受「代言」。

7 最重要的終極提問

很會問問題的人，會問自己的[　　]。

人每天都會問自己許多問題。

「今天要幾點出門？」

「要搭幾點的車才來得及？」

「中午要吃什麼？」

我們會在腦中自問自答。劍橋大學芭芭拉・薩哈基安（Barbara Sahakian）教授的研究發現，人一天最多要做三萬五千次決定。

重點是，我們還有「被問問題就會回答」的習慣。

請試著回想看看。

小時候我們對任何事物都會問「那是什麼？」並透過旁人的解答增加知識。學校的考試會問「1＋1等於幾？」我們也接受了回答這些問題的教育。

在日常生活中，我們也會問問題讓對方回答，並回答對方的問題，彼此溝通。

也就是說，**我們已經養成了「問問題→回答」的習慣**。

假設你在心裡思考「週末要做什麼？」

跟朋友一起出門、在家裡看電影、去健身房運動……你會試圖從中找到一個答案。什麼都不做也是一種答案。

這種「週末要做什麼」等級的問題還好，如果你問自己的問題是：

「為什麼我沒有才能？」

「為什麼只有我沒成功？」

大腦會拚命想要回答這些問題，接著得到「因為是遺傳，沒辦法」「因為身邊的人都不幫忙」這種答案。因為被問問題就要回答是一種既定形式。

那麼，如果我們問的問題是這些呢？

「我要怎麼做才能磨練自己的才能？」

「我要怎麼做才可以在缺少才能的狀態下成功？」

大腦也會拚命去找答案。

有時即使當時沒辦法立刻想到，之後也會靈光一閃地想到「挑戰新事物」「跟隔壁部門的人商量」等等答案。因為當我們注意到一件事，就能接收到相關的資訊。

你給自己的是什麼樣的問題，找到的答案會大不相同。

遇到困難時，會問「為什麼每次都是我？」的人，會呆站在原地什麼也不做。問「該怎麼才能突破？」的人，一定能找到解決方法繼續前進。問「要找誰來幫忙的人」，就能找到自己中意的幫手。

如果你會問自己「想要成為怎樣的人」，在思考後，一定能找到理想的自己。

問自己「不想成為怎樣的人」，就會清楚看到哪些事不能做。

本來，能夠煩惱就是一件好事，這證明你還擁有希望。因此，希望你能問自己一些好問題，引導出好的答案。

我相信，你問自己的問題是什麼樣的品質，你的人生就是什麼樣的品質。

很會問問題的人，
會問自己的 心 。

第十章總結

1 很會問問題的人，會針對對方的**內在**提問。

2 很會問問題的人，會使用「**接續詞**」引出更多對話。

3 很會問問題的人，會製造出容易回答的**狀況**再提問。

4 很會問問題的人，會利用「**九宮格**提問」俯瞰全局。

5 很會問問題的人，會**定義**詞語，引出對方的能力。

6 很會問問題的人，會替對方的感受**代言**。

7 很會問問題的人，會問自己的**心**。

後記

給不擅長說話的所有人。

我就是一個不擅長對話，因此吃了很多苦的人。為了克服這個弱點，我在二十幾歲時讀了各式各樣的書籍。

我購買的書籍告訴我「要面帶笑容跟人搭話」「要對對方有興趣」「從結論開始講」。

但是老實說，我看了只覺得：

「緊張到沒辦法跟人搭話的時候怎麼辦？」

「雖然你說要有興趣，但如果真的沒興趣怎麼辦？」

「如果我不知道結論呢？」

參加研討會時，講師說：「如果你有想說的話，也要先接納對方的意見再說。」

但我心裡總是在煩惱「接納之後又該怎麼做呢？」

雖然都說是因為對話而煩惱，但每個人的煩惱內容都不一樣。

我曾經真心覺得「我的狀況到底要怎麼解決？如果有一本百科全書可以回答我的問題就好了……」

現在已經是二十年後。

我研究了說話的方法，克服了不擅長對話的弱點，因為想幫助像過去自己一樣為對話煩惱的人，我在十年前創立了專門講授「對話方式」的商務學校，甚至還開發了在對話中感到煩惱時可以使用的百科全書，也就是這本書。

沒想到我自己就是實現二十年前那個願望的人。這真是非常不可思議的緣分，我想正因為我是在對話中深感煩惱的人，才能做出這樣的書籍來支援不擅長對話的人。

想提升自己的對話能力只有一個方法，就是實際與人對話。如果缺少實際對話，不論學了什麼技巧都無法跟任何人說話。因此，我在各章都精簡地傳達了最重要的精華，希望能幫助各位更容易採取行動。

採取行動時也有可能失敗。
但是，有些新世界只有從嘗試中才能抵達。
所以，希望你能看著前方挑戰，即使只有一點點也好。
本書充滿了我的這些想法。

地位跟名譽都無法帶到來生，不過，你的話語一定會留在別人的心中。
我打從心底希望你能用對話讓別人的人生更豐富，讓這分幸福能夠流傳到後世。

「動手做事，連接未來」

Motivation & Communication 股份有限公司董事長 桐生稔

Note

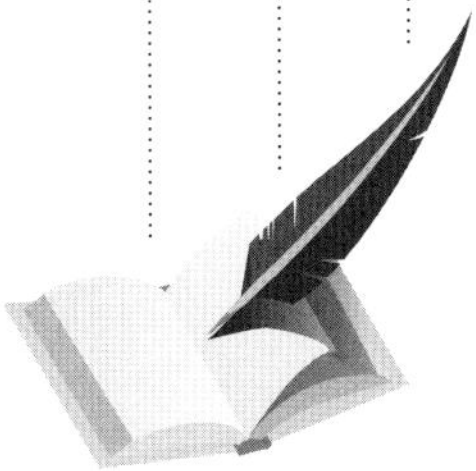

說得好又說得巧：從閒聊到簡報的說話黃金法則/桐生稔作；劉淳譯. -- 初版. -- 新北市：世潮出版有限公司, 2025.03
面； 公分. -- (暢銷精選；94)
ISBN 978-986-259-109-3(平裝)

1.CST: 溝通技巧 2.CST: 說話藝術 3.CST: 人際傳播

177.1　　113019587

暢銷精選94

說得好又說得巧：從閒聊到簡報的說話黃金法則

作　　者 / 桐生稔
譯　　者 / 劉淳
主　　編 / 楊鈺儀
封面設計 / 林芷伊
出 版 者 / 世潮出版有限公司
地　　址 / (231)新北市新店區民生路19號5樓
電　　話 / (02)2218-3277
傳　　真 / (02)2218-3239（訂書專線）
劃撥帳號 / 17528093
戶　　名 / 世潮出版有限公司
單次郵購總金額未滿500元（含），請加80元掛號費
世茂官網 / www.coolbooks.com.tw
排版製版 / 辰皓國際出版製作有限公司
印　　刷 / 世和彩色印刷股份有限公司
初版一刷 / 2025年3月

I S B N / 978-986-259-109-3
E I SBN / 9789862591086 (EPUB) / 9789862591079 (PDF)
定　　價 / 400元